Daniela Lund & Ernst Lund

Zukunft lernen

ZUKUNFT LERNEN

Gute Karten für eine empathische Schulentwicklung

Daniela Lund & Ernst Lund

hep der bildungsverlag

der bildungsverlag
www.hep-verlag.com

Daniela Lund & Ernst Lund
ZUKUNFT LERNEN
Gute Karten für eine empathische Schulentwicklung
ISBN 978-3-0355-0067-7

Illustrationen: Nina Takata, Hamburg
Satzgestaltung: kaltner verlagsmedien GmbH, Bobingen
Lektorat: Cordula Unewisse

Bibliografische Information der Deutschen Nationalbibliothek:
Die Deutsche Nationalbibliothek verzeichnet diese Publikation in der Deutschen Nationalbibliografie; detaillierte bibliografische Daten sind im Internet über http://dnb.dnb.de abrufbar.

1. Auflage 2014

www.hep-verlag.com

Zusatzmaterialien und -angebote zu diesem Buch:
http://mehr.hep-verlag.com/zukunftlernen

Inhaltsverzeichnis

Vorwort von Vera und Wilfried Schley

Zwei Pädagogen packen ihr professionelles Know-how in ein Kartenset mit Begleitband. Man könnte vermuten, hier käme ein neues Methodenpaket auf den Markt oder eine Sammlung von Imperativen, die zu beachten sind, wenn gute Schule gelingen soll.

Lehrertätigkeit, ein scheinbar unmöglicher Beruf. Es geht um den Umgang mit Ungewissheit, chronischer Mangel an Information verbindet sich mit drängender Aufforderung zu handeln. Der Beruf hat alle Potenziale der Überforderung und Schwächung.

Sympathisch wirkt von Anfang an die Sprache. Sie ist in Ton und Inhalt einladend, einfühlend und stärkend. Ganz im Sinne des Stärkenportfolios erleben sich die Leser im identifikatorischen Modus angesprochen. Immer ist das „Ich" im Mittelpunkt, wird wertschätzend angesprochen und gestärkt.

Die Autoren stehen den angesprochenen Kollegen in der Praxis beherzt zur Seite. Sie ermutigen sie, geben ihnen wertvolle Hinweise zur Lenkung ihrer Aufmerksamkeit auf eine verstehensintensive Form des Lernens und eine von Kontakt und Beziehung geprägte Interaktion.

Die Sprache wirkt leicht, die Hinweise lassen sich einfach und direkt umsetzen, der Ton klingt ermutigend. Hier ist eine Haltung zu spüren, die Zutrauen vermittelt.

Der Alltag der Lehrerinnen und Lehrer ist von Ambivalenz und Entscheidungsdruck gekennzeichnet. Das bestimmende Merkmal ist der Umgang mit Ungewissheit. Lehrpersonen wissen nicht, was in einem Schüler vor sich geht, sie wissen auch nicht, was dieser jeweils braucht. Sie haben keine Waschmaschine mit Programmknöpfen. Empathie bildet die Brücke. Hier wird eine empathische Haltung nicht gefordert, sondern gelebt. Die Ansprache ist persönlich, herzlich, aktivierend und mitfühlend.

Es gelingt Daniela und Ernst Lund, die neuen Aufgaben in natürlicher Sprache unterstützend und ermutigend zu beschreiben. „Ich tue es einfach" und setze meine subjektive Wahrnehmung als Qualität ein, gebe Impulse, ermutige, ermögliche und schaffe Räume für selbstständiges Lernen und Üben.

Ein liebevoller Ton, sich selbst und den Schülern gegenüber, zeichnet ihre Sprache aus. Beinahe beiläufig wird so die neue Professionalität angeeignet. Es ist kein geschlossenes System, das hier erst verstanden werden muss, bevor ein aktiver Schritt gegangen werden kann.

Es zahlt sich aus, dass hier zwei Menschen wissen, wovon sie reden und worauf es ankommt. Sie haben es selbst in praktischer Tätigkeit erlebt, in Leitungsverantwortung angestoßen, in kollegialer Beratung und im Coaching individuell herausgearbeitet.

Die Kluft zwischen Wissen und Handeln wird auf leichte und agile Weise geschlossen, ganz nebenbei werden Antreiber wie Perfektionismus oder Kontrollmentalität verabschiedet und auf ihren sinnvollen Kern reduziert.

KollegInnen können miteinander über einzelne Aussagen auf den Karten sprechen, die konkretisierenden Hinweise geben Impulse, die Aussagen in Handeln zu übersetzen.

Die Quintessenz dieser Form der Professionalität liegt im Persönlichen. Jeder kann es aufnehmen, annehmen und angehen. Gemeinsam besprochen vertieft sich die Wirkung. Der Profession tut diese Dosis an frischen und natürlichen Impulsen gut.

Den Lernenden werden sie wohltun, den Lehrern selbst aber auch.

Das wünschen wir von Herzen.

Vera und Wilfried Schley[1]
2014

1 | **Vera Schley**
geschäftsführende Gesellschafterin am Institut für Organisationsentwicklung und systemische Beratung (IOS), Psychotherapeutin, Business Coach, Teamexpertin
Wilfried Schley
wissenschaftlicher Leiter am IOS, Ordinarius Universität Zürich, Em., Präsident der Leadership Foundation Zürich

Vorwort der Autoren

Einfach und unkompliziert soll es sein, ein praktisches Werkzeug für Lehrerinnen und Lehrer. Reduziert auf das Wesentliche. Handhabbar und flexibel. Von unterschiedlichen Seiten soll man sich nähern können, sodass jede Leserin ihren und jeder Leser seinen persönlichen Weg finden kann. Es soll sowohl Reflexions- als auch Gesprächsanlässe bieten. Es soll ein Wegbegleiter sein, eine Erinnerungshilfe, ein Anstoßgeber, ein freundlicher, aber nicht immer bequemer Gefährte, wenn es darum geht, die eigene Professionalität zu entwickeln, zu festigen und immer wieder zu reflektieren.

Und vor allem möge es eine Freude sein, mit dem Kartenset ZUKUNFT LERNEN zu arbeiten.

Uns liegen die Lernenden in den Schulen und Bildungseinrichtungen am Herzen. Wir wünschen ihnen, dass starke, mutige, empathische Menschen sie auf ihrem individuellen Bildungsweg gut begleiten. Wir wünschen ihnen, dass sie in diesen Institutionen die Kompetenzen erwerben können, die für ihr zukünftiges Leben wichtig sind, und dass ihre Lehrerinnen und Lehrer ihnen ermöglichen, ihre Potenziale zu entfalten. Wir wünschen ihnen, dass sie an den Herausforderungen, die ihnen gestellt werden, wachsen und dass sie lustvoll und angstfrei lernen.

Uns liegen die Lehrerinnen und Lehrer am Herzen. Wir wünschen ihnen, dass sie in einem System arbeiten, in dem ihnen Vertrauen und Wertschätzung für ihre Arbeit entgegengebracht werden. Wir wünschen ihnen Freude und Erfüllung bei ihrer verantwortungsvollen Tätigkeit, Menschen auf ihrem individuellen Bildungsweg zu begleiten. Darüber hinaus wünschen wir ihnen kooperative Kolleginnen und Kollegen sowie eine Schulleitung, die gemeinsam mit allen Beteiligten die Zukunft gestaltet. Während wir an ZUKUNFT LERNEN gearbeitet haben, hatten wir vor allem Lehrerinnen und Lehrer im Blick.

Wir kennen die schulische Praxis aus vielerlei Perspektiven, als Lehrerin und Lehrer, als Eltern, als Schulleiter, als Beratende in der Schulentwicklung, als Coaches für Schülerinnen und Schüler, Lehrerinnen, Lehrer und Leitungskräfte, als in der Lehrerausbildung Tätige und als Mitwirkende in Reformprozessen der Bildungsbehörde. Es ist die Praxisbrille, die wir aufsetzen, wenn wir das System Schule in all seinen Facetten beschreiben, und es fließen unsere vielfältigen Erfahrungen ein, wenn wir herausarbeiten, was für uns eine professionelle Lehrerin bzw. einen professionellen Lehrer ausmacht.

Wir wünschen Ihnen viel Freude mit diesem Kartenset und wir hoffen, dass es ein guter Wegbegleiter sein wird. Es freut uns, wenn Sie hier Argumente für Veränderungen finden, zum Experimentieren ermutigt werden und sich bestärkt fühlen, bedingungslos empathisch zu sein.

Daniela & Ernst Lund
Hamburg, 2014

Biografie der Autoren

Daniela Lund

- Oberstudienrätin
- Lehrerin an der Beruflichen Schule für Gastronomie und Hotellerie in Hamburg
- Beauftragte für Unterrichtsentwicklung
- Lerncoach
- MA Schulmanagement
- Systemische Organisationsberaterin

Ernst Lund

- Oberstudiendirektor a. D.
- Gymnasiallehrer für Politik und Deutsch
- Wechsel an die Berufliche Schule Bautechnik in Hamburg
- dort 20 Jahre Schulleiter
- Mitarbeit in diversen Reformprozessen des Hamburger Schulwesens

Einleitung

In vielen Schulen ist aktuell Reformdruck spürbar – und gleichzeitig eine Sehnsucht nach konservativen Werten. Beide Bewegungen münden bisweilen in zermürbende Strukturdebatten. Es prallen Ideologien aufeinander. Eine Beobachtung, die viele am Bildungswesen interessierte Menschen teilen: Diskutiert wird viel, aber es verändert sich wenig. Das Ziel scheint für alle gleich zu sein: eine Schule, die den Herausforderungen des 21. Jahrhunderts gewachsen ist, in der die Schülerinnen und Schüler zukunftsfähige Kompetenzen erwerben und sich in ihrer Persönlichkeit entwickeln können.

„Schools change slower than churches"[1] – aber auch Schulen verändern sich. Immer wieder ist von Schulen die Rede, die auf dem Weg sind. In den Medien und auf Kongressen werden Schulen vorgestellt, die sich erfolgreich auf die neuen Herausforderungen eingestellt haben. Es gibt sie, die Good-Practice-Beispiele. Das Rad muss nicht neu erfunden werden, wenn man auf bereits Erprobtes zurückgreifen kann. Zu den unterschiedlichsten Schulentwicklungsthemen entstehen das ganze Land überspannende Netzwerke. Wer Austausch will, findet Anschluss. Zu jedem Schulentwicklungsthema hält außerdem der Markt Literatur bereit. Lernkulturwandel, Inklusion, Lerncoaching, Potenzialorientierung, gehirngerechtes Lernen – das sind nur einige Stichworte. Wer Informationen will, kann sie bekommen. Aber wo bleibt die Veränderung in der Breite? Warum wird in der Schule nebenan immer noch so gelernt wie vor 100 Jahren? Warum sind so viele Betroffene unzufrieden? So einfach scheint es also nicht zu sein.

1| Gross, Richard; zit. nach: Haenisch, Hans, „Schools change slower than churches", in: Pädagogik, 43. Jg. (1991). Heft 5, S. 27–31.

Wir haben die Erfahrung gemacht, dass es in Schulentwicklungsvorhaben und schulischen Veränderungsprozessen eher um Strukturen, organisatorische Rahmenbedingungen und um Ressourcen zu gehen scheint, weniger um die unterrichtenden Menschen. Dabei sind sie es, die Schülerinnen und Schüler auf ein selbstbestimmtes und verantwortungsbewusstes Leben in der Gesellschaft vorbereiten und sie auf ihrem Weg ein Stück begleiten. Was für eine Verantwortung! Lehrerinnen und Lehrer werden Teil der Lernbiografie ihrer Schülerinnen und Schüler.

Was ist Ihnen aus Ihrer eigenen Schulzeit noch in Erinnerung geblieben? Oder sollten wir besser fragen: Wer ist Ihnen in Erinnerung geblieben? Woran oder an wen denken Sie zuerst? Fast jeder, dem wir diese Frage stellen, hat auf Anhieb eine ehemalige Lehrerin oder einen ehemaligen Lehrer im Sinn, mit ihren oder seinen ganz persönlichen Eigenschaften, die entweder besonders positiv oder besonders negativ in Erinnerung geblieben sind.

Lehrerinnen und Lehrer sind für ein erfolgreiches Lernen ihrer Schülerinnen und Schüler von enormer Bedeutung: „Auf die Lehrerin oder den Lehrer kommt es an!“ (Hattie 2014)

Achtung! Wir bewegen uns in einer Tabuzone. Den schulischen Erfolg oder Misserfolg von Schülerinnen und Schülern in direktem Zusammenhang mit Lehrerhandeln zu betrachten, ist in der Schule weder verbreitet noch beliebt. Man geht lieber implizit davon aus, dass alle Lehrerinnen und Lehrer grundsätzlich gleich gut arbeiten. Das wäre schön, aber so ist es nicht, und das wissen auch alle, am besten die Schülerinnen und Schüler.

Lehrerinnen und Lehrer sind unterschiedlich – und das ist gut so. Sie haben unterschiedliche Stärken und Schwächen, Erfahrungshorizonte, Präferenzen in ihrer Unterrichtsarbeit, inhaltliche

Schwerpunkte. Sie sind Experten für unterschiedliche Dinge. Wir sind davon überzeugt, dass Schülerinnen und Schüler sowie die ganze Schule von dieser Unterschiedlichkeit profitieren. Wie langweilig wäre es, wären alle gleich.

Doch es gibt Aspekte von Lehrerprofessionalität, die einen Unterschied machen. Sie sind unabhängig von inhaltlichen Schwerpunkten, Expertenwissen und Erfahrungen. Sie sind ebenfalls unabhängig von Schulstruktur, Schulsystem, Methodik und Didaktik. Sie bilden das Fundament für eine glückliche und erfolgreiche Arbeit als Lehrerin oder Lehrer: Eine Haltung, die das erfolgreiche Lernen fördert, ein Denken, das vom Schüler ausgeht, und ein Handeln, das von innerer Stärke, Empathie und Mut geleitet ist. Wir beschreiben diese Haltung, dieses Denken und dieses professionelle Handeln in dem Kartenset, das Sie in Händen halten.

Wir laden Sie ein, mit dem Kartenset und den Begleittexten ganz individuell umzugehen. Wir sind von den folgenden 10 Entwicklungsclustern ausgegangen: Vielfalt, Individualität, Klarheit, Antrieb, Kooperation, Lernen, Unterricht, Rückmeldungen, Rahmenbedingungen und Gesundheit. Im Rahmen dieser Cluster bewegt sich nach unserer Überzeugung die Professionalität von Lehrenden. Zu jedem dieser Cluster finden Sie Karten mit einer Ich-Formulierung auf der Vorderseite und einem ergänzenden Gedanken auf der Rückseite. Es sind jeweils Haltungen und Einstellungen, die uns für gelingende Lernprozesse der Schülerinnen und Schüler einerseits und die Arbeitszufriedenheit der Lehrerinnen und Lehrer andererseits wichtig erscheinen. In einzelnen Karten werden Sie sich sofort wiederfinden, andere werden Sie überzeugen, einige befremden und vielleicht die eine oder andere auch empören. Vielleicht haben Sie Lust, der Resonanz nachzuspüren, die durch die Karten in Ihnen ausgelöst wird. Vielleicht werden Sie angeregt, sich darüber mit anderen auszutauschen. Wir bauen auf die

Freude am Reflektieren Ihrer eigenen Berufspraxis. Dafür sollen die Karten Impulse liefern.

In diesem Begleitbuch finden Sie „Starke Argumente“ und „Mutige Experimente“. Beide basieren auf unseren Erfahrungen. Das Begleitbuch soll Ihnen Fragen nach dem „Warum“ und dem „Wie“ beantworten. Mit den Karten können Sie systematisch arbeiten oder spielerisch umgehen – allein oder gemeinsam mit anderen. Wir freuen uns, wenn die Karten Sie in Ihrer Haltung stärken, empathisch mit Ihren Schülerinnen und Schülern umzugehen, und Sie ermutigen, Neues auszuprobieren.

Wir möchten Ihnen Mut machen! Verändern Sie gemeinsam mit anderen Ihre Schule so, dass sie für Schülerinnen und Schüler optimale Lernbedingungen ermöglicht und Ihnen und Ihren Kolleginnen und Kollegen eine hohe Arbeitszufriedenheit sichert.

Uns ist bewusst, dass es viele Lehrerinnen und Lehrer gibt, deren Arbeitslust und Arbeitsfreude durch unverantwortlich schlechte Rahmenbedingungen beeinträchtigt werden. Ihnen wird es von außen schwer bis unmöglich gemacht, ihre positive Grundhaltung zu bewahren, und ihre Gesundheit wird leichtfertig aufs Spiel gesetzt. Wir vermuten, dass die eine oder andere Karte in den Ohren dieser Kolleginnen und Kollegen zynisch klingen könnte. Wir möchten hier eindeutig sein. In einigen schulischen Systemen mit ganz besonders herausfordernden Bedingungen lässt sich das, was uns wichtig ist, kaum 1:1 umsetzen. In den allermeisten allerdings schon.

Ein paar Gedanken noch zu den Widrigkeiten des Systems: Immer wieder machen Schulen auf sich aufmerksam, die der täglich gefühlten Belastung nicht mehr standhalten können. Die Lehrerinnen und Lehrer sowie deren Schulleitungen kapitulieren vor den

Herausforderungen des Alltags. Viel zu viele werden krank. Einige spüren, dass sie ihre Schülerinnen und Schüler nicht erreichen können. Die Schülerinnen und Schüler spüren, dass sie kaum Chancen haben, an der Gesellschaft teilzuhaben. Ihnen fehlen die Perspektiven. Für Pädagoginnen und Pädagogen ist es in solchen Schulstrukturen nahezu unmöglich, eine erfüllende Arbeit zu leisten. Frust, Hilflosigkeit und Ohnmacht machen sich breit. Ist die Anzahl der perspektivlosen Schülerinnen und Schüler überproportional groß, wird das bestehende System Schule überfordert. Hier stellt sich daher mit Nachdruck die Systemfrage.

Eine andere häufig geschilderte Überforderungssituation ist die in der UN-Konvention 2006 verabschiedete und von den Mitgliedstaaten umzusetzende Inklusion. Kinder, Jugendliche und junge Erwachsene mit unterschiedlichsten Beeinträchtigungen haben ein Recht auf den Besuch einer Regelschule. So weit, so gut. Ein hervorragender Gedanke, wie wir finden. Fakt ist allerdings auch, dass viele Lehrerinnen und Lehrer sich auf die erweiterten Aufgaben, die mit der Inklusion auf sie zugekommen sind, nur unzureichend vorbereitet fühlen. Trotz breit angelegter Fort- und Weiterbildungsinitiativen gelingt es ihnen im Alltag manchmal nur unter Einsatz ihrer eigenen Gesundheit, den Anforderungen gerecht zu werden. Die gegebenen Strukturen scheinen noch nicht überall dazu geeignet zu sein, den Herausforderungen professionell zu begegnen.

Über eine weitere Quelle der Ohnmacht berichten engagierte Lehrerinnen und Lehrer, die gern etwas verändern wollen und die mit ihrer Art zu arbeiten durchaus Erfolge erzielen. Sie scheitern an einer unbeweglichen, als bürokratisch und technokratisch beschriebenen Schulleitung. Initiative wird von oben ausgebremst. Formalia sind immer wichtiger als Inhalte. Notwendige Schulentwicklung mit dem Fokus auf zukunftsorientiertes Lernen wird z. B. mit dem Hinweis auf vermeintlich mangelnde Fachlichkeit ausgebremst oder verhindert. Diese Lehrerinnen und Lehrer haben das Gefühl, sich ständig eine blutige Nase an der Betonwand zu holen, gegen die sie mit ihren Ideen laufen. Was für eine Energieverschwendung!

„Love it, change it or leave it“: Das ist die Entscheidung, die in allen beschriebenen Situationen zu treffen ist. „Love it“ dürfte in den meisten Fällen nur schwer machbar sein, sind doch die Bedingungen auf Dauer kaum erträglich. Es droht die innere Emigration oder die Gefährdung der eigenen Gesundheit.

„Change it“: In den hier beschriebenen und ähnlichen Situationen eine ganz besondere Herausforderung, die man nur zusammen mit anderen erfolgreich annehmen kann. Es gibt viele Beispiele für gelungene Systemveränderungen, die Mut machen. Es lohnt sich, ganz genau zu prüfen, ob der zunächst überproportional große Einsatz von Kraft und Energie erfolgreich sein kann. Hilfreich kann eine Prozessbegleitung von außen sein, die das Gesamtsystem mit seinen blinden Flecken konfrontiert. Sehen Sie eine Chance, dass hierfür genügend Beteiligte zu gewinnen sind, und sehen Sie eine Chance auf Erfolg, dann kämpfen Sie!

„Leave it“: In einem unbeweglichen System ist der beste Weg sicher manchmal, ein anderes Umfeld zu finden, in dem man sich entfalten kann. Das zielführende Handeln der Schulleitung ist für erfolgreiche Veränderungsprozesse eine notwendige Voraussetzung. Mit Bürokraten und Formalisten an der Spitze wird sich kaum etwas verändern. Die Begriffe verraten es schon: Bürokratie und Formalismus sind dazu da, den Status quo abzusichern. Sie verhindern, dass sich etwas ändert! Wenn Sie keine Möglichkeit sehen, Ihr System, so wie es ist, zu lieben oder zu verändern, dann sollten Sie ernsthaft darüber nachdenken, es zu verlassen. Sie verbringen gerade wertvolle Lebenszeit damit, sich jeden Tag aufzureiben.

Wer definiert eigentlich, was eine „unzumutbare Belastungssituation" für Lehrerinnen und Lehrer ist? Die gefühlte Belastung durch widrige Bedingungen ist jedenfalls sehr individuell. Während sich der eine Lehrer in einer Klasse mit fünf stark verhaltensauffälligen Kindern überlastet fühlt, dreht seine Kollegin hier erst richtig auf und kommt mit der Situation bestens klar. Was wird von Lehrerinnen und Lehrern erwartet und welche Erwartungen haben sie?

Zitat einer Grundschullehrerin: „Ich habe Kinder in meiner 1. Klasse, die können keinen einzigen vollständigen Satz sprechen." Hier schwingen unausgesprochene Erwartungen mit!

Welche Erwartungen dürfen wir an unsere Schülerinnen und Schüler haben? Welche Bedingungen dürfen wir stellen? Oder sollten wir besser keine Erwartungen haben und keine Bedingungen stellen, uns also selbst bedingungslos dem stellen, was wir vorfinden, wenn wir unseren Klassenraum betreten? Denn Erwartungen, besonders die impliziten führen bei Nichterfüllung zu Unzufriedenheit, wenn nicht sogar zur Verzweiflung.

Auch außerhalb der Schule werden widrige Bedingungen für Veränderungen in der Schule erzeugt – die Schuladministration, die nach dem PISA-Schock erkennen musste, dass sie Qualität von Schule und Unterricht nicht mit Inputsteuerung erreichen kann, hat die Verantwortung dafür an die Schulen verlagert. Damit ist die Politik erst einmal aus dem Schneider. Dieser Wechsel von der Input- zur Outcome-Steuerung setzt das Vertrauen voraus, dass Schulen – Schulleitungen, Lehrerinnen und Lehrer, Schülerinnen und Schüler und Eltern gemeinsam – die staatlichen Bildungs- und Erziehungsziele auf ihrem eigenen Weg besser erreichen können.

Hierfür muss die Bildungsbürokratie etwas tun, was gänzlich gegen ihre Natur ist: Sie muss den Schulen Zeit und Raum geben. Darüber hinaus muss sie aushalten, dass Schulen unterschiedliche Wege wählen, auf denen sie mit ihren Schülerinnen und Schülern die Bildungsziele erreichen wollen.

Es braucht Zeit und viel Vertrauen! Zeit aber hat die politische Führung der Ministerien nicht – der nächste Wahltermin entscheidet über das berufliche Schicksal der obersten Führungsebene. Auch mit dem Vertrauen hapert es. Die nun „selbstverantworteten" Einzelschulen, so erleben wir es immer wieder, werden mit detaillierten Vorgaben, Verordnungen, Richtlinien und Handreichungen eingedeckt, entlang derer sie sich verhalten sollen. Eigene Entscheidungen? Fehlanzeige! Wenn das Vertrauen fehlt, muss sich der Elfenbeinturm im Ministerium durch grenzenlose Verrechtlichung absichern – und Schulen ohne Freiräume können ihre Entwicklung nur begrenzt selbst in die Hand nehmen.

Auf der anderen Seite kennen wir eine Vielzahl von staatlichen(!) und nichtstaatlichen Schulen, die trotz widriger Rahmenbedingungen ihren eigenen Weg erfolgreich gegangen sind. Dazu brauchte es die intensive Nutzung vorhandener Freiräume und gelegentlich den Mut, Grenzen zu überschreiten – immer legitimiert durch die Zielsetzungen der staatlichen Normen für gute Schule und guten Unterricht. Die Grund- und Menschenrechte liefern im Konfliktfall ebenfalls gute Argumente für eigenständige schulische Entwicklungsprojekte. Schulen sind so verschieden wie ihre Schülerinnen und Schüler. Schon darum muss zentrale Detailsteuerung scheitern. Solange die Schülerinnen und Schüler nicht zum staatlichen Regelungswerk passen – das werden vermutlich nie alle – müssen die Schulen den Mut haben, das Regelungswerk an ihre Schülerinnen und Schüler anzupassen. Wenn diese Schulen dann noch regelmäßig ihren Entwicklungsstand evaluieren und sich an der Zufriedenheit aller Anspruchsgruppen und insbesondere an den Lernerfolgen ihrer Schülerinnen und Schüler messen lassen, sind sie weitgehend unangreifbar!

Schulisches Leitungspersonal, das hilfesuchend den Blick nach oben richtet und keine eigenen Entscheidungen auf der Basis innerschulischer, partizipativer Prozesse zu treffen wagt, können zukunftsfähige Schulen im 21. Jahrhundert nicht mehr gebrauchen! Leadership ist gefragt, in der Schule und in der Bildungsadministration.

Viele Rahmenbedingungen im schulischen Arbeitsumfeld werden sich nicht von heute auf morgen ändern, auch wenn dies wünschenswert wäre. Doch selbst unter den gegebenen Umständen gibt es Chancen, über die eigenen Bewertungs- und Verhaltensmuster zu reflektieren, die hilfreichen von den weniger hilfreichen zu unterscheiden und das eigene Handeln zum Ausgangspunkt für Veränderungen zu machen. Dazu laden wir mit diesem Kartenset herzlich ein.

Lehrerprofessionalität liegt uns am Herzen. Es spielt eine Rolle, an wen Lernende geraten. Das betrifft Kinder und Jugendliche in der Schule genauso wie Auszubildende in der Berufsschule oder Erwachsene in Fort- und Weiterbildungsmaßnahmen. In jedem formalisierten Lernkontext sind diejenigen besonders wichtig, die das Setting konzipieren, die Inhalte festlegen und die Prozesse gestalten. Ihre Planungsentscheidungen und ihr Verhalten in der Situation stellen die Weichen für ein Lernen, das mehr oder weniger erfolgreich ist. Es werden wohl mittlerweile einige Regalkilometer voll Bücher sein, in denen nachzulesen ist, was einen guten von einem schlechten Unterricht unterscheidet. Regalmeter mit didaktischen Tricks und Kniffen, Methoden auf Makro-, Meso- und Mikroebene. Es gibt REzept- und KONzeptbücher, die dem Leser

Good-Practice-Beispiele näherbringen, und jede Menge wissenschaftliche Studien zu sämtlichen Teilbereichen der Pädagogik.

In den letzten Jahren hat die systemisch-konstruktivistische pädagogische Literatur ordentlich an Regalmetern zugelegt. Diese Denkrichtung liefert uns viele nachvollziehbare Erklärungen für Phänomene, die wir auf unterschiedlichen Systemebenen, in der Schuladministration ebenso wie im Unterricht erleben.

In den letzten Jahren sind auch viele Titel dazu gekommen, die sich mit Lehrergesundheit und Entlastung beschäftigen. Lehrerinnen und Lehrer gelten als stark belastet und das hat neben oftmals widrigen Rahmenbedingungen auch mit den „immer schwierigeren Schülerinnen und Schülern" zu tun. Diese Zuschreibung klingt insbesondere in der aktuellen Berichterstattung über Schule in den Medien durch. Es scheint alles, wirklich alles aufgeschrieben und gesagt zu sein, was es braucht, um gute Schule zu machen und nachhaltiges Lernen zu ermöglichen. Wir können nachlesen, WAS zu tun ist und WIE es zu tun ist. Wenn es nicht klappt, können wir nachlesen, WORAN das lag. Offenbar lässt sich ein Rezept für guten Unterricht und vorbildliche Schulentwicklung nicht so einfach nachkochen. Lehrerverhalten ist nicht standardisierbar wie eine Rezeptur. Ein Schulentwicklungsprozess lässt sich nicht downloaden und anwenden wie die Gebrauchsanweisung für einen neuen Flachbildfernseher.

Nur wenn wir uns aus Überzeugung, mit „open mind, open heart and open will" (Scharmer 2013) verändern wollen, weil wir tief in uns fühlen, dass sowohl unsere Schülerinnen und Schüler als auch wir davon profitieren werden, können diese Veränderungen wirksam werden.

Wir gehen davon aus, dass den allermeisten Lehrerinnen und Lehrern ihre Schülerinnen und Schüler am Herzen liegen und sie ein Interesse daran haben, dass sie in der Zukunft erfolgreich ihr Leben meistern. Nur wissen wir heute gar nicht so genau, für welche Zukunft wir unsere Kinder (aus)bilden. Mit Sicherheit aber wird die Zukunft „inhaltsfluide" (Arnold, 2010, S. 94) sein. Fakten- und Begriffswissen verändert und erweitert sich ständig. Schon lange kann ein Mensch Wissen zu eigentlich allen Themengebieten nur ausschnittartig und exemplarisch erfassen und verstehen. Gleichzeitig hat er immer und überall Zugriff auf Zahlen, Daten und Fakten zu allen erdenklichen Themenbereichen. Immer mehr Informationen müssen immer schneller gesichtet und sortiert werden. Es muss entschieden werden, welche Quellen brauchbar sind und welche nicht. Damit geht es immer mehr um Mustererkennung in komplexen Zusammenhängen. Will man diese erfassen und beschreiben, braucht es andere Strategien als zur Aneignung von fertig portionierten Wissenshappen. Unsere Schulen verstehen sich aber immer noch als Institutionen, in denen hauptsächlich Wissen vermittelt wird. Arnold ist überzeugt, dass die wissensbasierten Lernkonzepte aus der Vergangenheit in einer inhaltsfluiden Zukunft keine Anwendung mehr finden können. Das muss „ebenso abwegig an[zu]muten, wie der Versuch mit einer Kutsche globalen Handel zu treiben." (Arnold, 2010, S. 94) Wir können ihm da nur zustimmen.

So nutzen Sie das Kartenset

Wie kann das Kartenset genutzt werden?

Das Kartenset ZUKUNFT LERNEN bietet viele Möglichkeiten. Das Ziel ist dabei immer die Reflexion der gelebten Praxis in der Schule. Die Resonanzen, die die Karten auslösen, können die eigene Praxis bestätigen, verunsichern oder Lust auf Veränderung wecken. Einige Karten können auch Störimpulse sein oder sogar empören. Immer geht es dabei um die Reflexion der eigenen Praxis. Die Richtung ist klar: ZUKUNFT LERNEN! Die Tabelle auf Seite 27 und 28 fasst zusammen, wie mit den Karten allein, im Team oder in der ganzen Schule gearbeitet werden kann, also auf der persönlichen, der kooperativen und der organisationalen Ebene. Viel Freude dabei!

Wer kann das Kartenset nutzen?

Nicht nur Lehrerinnen und Lehrer können die gelebte Praxis in der Schule reflektieren. Letztlich können das alle Personen, die direkt und indirekt mit ihr zu tun haben:

Studierende der Pädagogik	Reflexion der eigenen Berufswahlentscheidung und Strukturierung des eigenen Studiums.
Studienreferendarinnen und -referendare	Erweiterung der Rollenmuster in begleitenden Seminaren und der Ausbildungsschule.
Lehrende neu im Amt	Hilfestellung im Praxisschock und Kontinuität in der Reflexion der eigenen Praxis.
Erfahrene Lehrende	Impulse für die kollegiale Kooperation und aktive Mitwirkung an der Schulentwicklung.

Lernende	Impulse für das eigene Lernen und aktive Mitwirkung an der Entwicklung der Unterrichtsqualität der Lehrenden in der eigenen Klasse.
Eltern	Aktive Mitwirkung an der Entwicklung der Unterrichtsqualität der Lehrenden in Klassen der eigenen Kinder.
Schulleitungen und Schulleitungs-mitglieder	Impulse zur Qualitätsentwicklung des Unterrichts der eigenen Schule. Impulse für die Entwicklung eines Leitbildes von gutem Unterricht der eigenen Schule.
Fortbildner	Impulse zur Anregung von Reflexionen über Dimensionen von Unterrichtsqualität.
Ausbilder in Betrieben	Impulse zur Reflexion der eigenen Ausbildungspraxis.
Schuladministration in Politik und Behörden	Den Schulen auf ihrem eigenen, selbstverantworteten Weg der Schulentwicklung Mut machen und sie materielle und personell unterstützen.

So können Sie das Kartenset einsetzen ...	Systematisch	Intuitiv	Situativ
Individuell Die eigene Professionalität weiter entwickeln	• Cluster für Cluster im Text • Karten sortieren • eigene Prioritäten setzen • Reflexionsthemen und Zeiten festlegen	• Karten mischen • Tages- oder Wochenkarte ziehen • Kleines Ritual zur Reflexion der eigenen Praxis etablieren • ggf. nachlesen im Begleitbuch	• eine (herausfordernde) Unterrichtssituation ist Anlass zur Arbeit mit den Karten • Cluster bestimmen • Karten sichten und ggf. Änderungsimpulse finden • Reflexion der Praxis
Kooperativ Lernkultur im Team weiter entwickeln	• Team priorisiert Cluster • Karten unterstützen kollegiale Unterrichtsreflexion • Team erarbeitet Schwerpunkte der kollektiven Unterrichtsentwicklung	• Team vereinbart spielerischen Umgang mit den Karten • Tages- oder Wochenkarten bieten Anlass zu Gesprächen • Ritual zur gemeinsamen Reflexion der Unterrichtspraxis etablieren • ggf. nachlesen im Begleitbuch	• Team berät (herausfordernde) Unterrichtssituationen gemeinsam • Cluster bestimmen • Karten sichten • Kollegiale Beratung mit Hilfe der Mehrperspektivität des Teams, der Karten und ggf. der Begleittexte

So können Sie das Kartenset einsetzen ...	Systematisch	Intuitiv	Situativ
Organisational Empathische Schulentwicklung ermöglichen	• Kollegium entscheidet, mit ZUKUNFT LERNEN an der Lernkultur der Schule zu arbeiten • Schule organisiert zielgerichteten Prozess zur Weiterentwicklung der schulischen Lernkultur und setzt Projekt auf. • Ggf.: Schule wählte externe Begleitung für den Prozess.	• Kollegium entscheidet sich für einen pädagogischen Tag zur Lernkulturentwicklung. • In Großgruppensetting werden Karten und Texte arbeitsteilig eingesetzt • Gelebte Praxis wird reflektiert und mit ZUKUNFT LERNEN in Beziehung gesetzt • Ergebnisse werden präsentiert • Vereinbarungen zur Weiterarbeit werden getroffen • Ggf.: Schule wählte externe Begleitung für den Prozess.	• Unterrichtskultur einer Schule wird in Frage gestellt (von inne oder von außen). • Gemeinsam priorisierte Cluster strukturieren die Schulentwicklungsarbeit • Schule organisiert zielgerichteten Prozess zur Weiterentwicklung der Lernkultur und setzt Projekt auf • Externe Begleitung empfehlenswert

MUTIGE EXPERIMENTE

Die Entwicklungscluster Vielfalt, Individualität, Klarheit, Antrieb, Kooperation, Lernen, Unterricht, Rückmeldungen, Rahmenbedingungen und Gesundheit strukturieren diesen Teil von ZUKUNFT LERNEN. Vielleicht sind die folgenden Seiten eine Anregung für die eigene Praxis. Vielleicht ist die eine oder andere hier beschriebene Denk-, Vorgehens- oder Verhaltensweise für Ihre Praxis interessant. Selbstreflexion ist der Versuch, sich Unbewusstes bewusst zu machen und das eigene Handeln mit ein wenig Abstand zu betrachten. Manchmal ermöglicht erst der Abstand das Sehen.

Oft sind es die Lernziele, Lerninhalte und Lernmaterialien, die bei der Unterrichtsplanung als Erstes in den Blick genommen werden. „Dann mache ich mit denen …" ist ein Satzanfang, der von Lehrerinnen und Lehrern häufig zu hören ist. Wir möchten dazu einladen, zusätzlich Methoden zu berücksichtigen, die die Eigenverantwortung der Schülerinnen und Schüler stärken, ohne dabei die eigene abzugeben, sowie die Planung zunehmend bewusst auf die Vielfalt in der Klasse auszurichten.

Vielfalt

Aktiv differenzieren

Differenzierung in Lerngruppen wird personenbezogen, materiell sowie zeitlich und organisatorisch gestaltet. Damit in heterogenen Lerngruppen jeder die Chance zum bestmöglichen Kompetenzerwerb und -ausbau bekommt, sollte sich hinsichtlich dieser vier Aspekte eine variantenreiche Differenzierungspraxis entfalten. Viele Differenzierungsformen sind bereits in einer einzelnen Klasse möglich, für einige ist es sinnvoller und ressourcenschonender, wenn sich ein Lehrerteam, eine Abteilung oder ein ganzes Kollegium geschlossen auf den Weg macht.

Wer kann mit wem gut zusammenarbeiten?

Es macht einen Unterschied, in welcher Konstellation Schülerinnen und Schüler miteinander in der Gruppe arbeiten. In der Schule wird oft nach dem Zufallsprinzip oder nach dem Gewohnheitsprinzip differenziert. Das Zufallsprinzip bietet sich an, wenn sich die Klasse noch nicht gut kennt. Die Bereitschaft, sich darauf einzulassen, ist dann größer, weil man die anderen kennenlernen möchte. Stärken und Schwächen einzelner sind noch nicht offensichtlich. Eine gelenkte Methode, die nach dem Zufallsprinzip Gruppen entstehen lässt, entlastet zurückhaltende und schüchterne Schülerinnen und Schüler. Sie sind über eine ausgeloste Gruppenzugehörigkeit direkt integriert.

Das Gewohnheitsprinzip ist für alle Beteiligten bequem. Die Schülerinnen und Schüler arbeiten in ihren üblichen Konstellationen. Diese Bequemlichkeit führt allerdings oft auch zu Unzufriedenheit bei Einzelnen und zu Unbeweglichkeit in der Klasse. Schülerinnen und Schüler bleiben erfahrungsgemäß gern im Umfeld derer, bei denen sie sitzen. Nicht unbedingt, weil sie am besten zusammenarbeiten können, sondern eben weil es bequemer ist. Außerdem sitzen im engeren Umfeld noch am ehesten die eigenen Freunde. Diese Form der Differenzierung empfehlen wir für kurze Beratungen in der Gruppe, aber nicht unbedingt zur Bearbeitung längerfristiger Aufträge, die zu einem bewerteten Ergebnis führen sollen.

Sie kennen Ihre Schülerinnen und Schüler am besten. Sie haben einen Blick für die Stärken und Schwächen jedes Einzelnen. Sie können im Vorfeld überlegen, welche Gruppenkonstellation für Ihre Aufgabe sinnvoll ist. Brauchen Sie einigermaßen leistungshomogene Gruppen, weil der Arbeitsauftrag auf unterschiedlichen Komplexitätsstufen bearbeitet werden kann? Oder ist die Leistungsfähigkeit nicht so ausschlaggebend, weil es auf eine gute Mischung auch der überfachlichen Kompetenzen ankommt? Sollen in jeder Gruppe ein Denker, ein Organisationstalent, ein kreativer Kopf und ein Kümmerer sein? Wer könnte von wem profitieren? Wer könnte wen unterstützen? Wer könnte an wem wachsen? Wer braucht die Auseinandersetzung mit wem, um sich weiterzuentwickeln? Diese und viele andere Fragen können den Weg zu einer guten Gruppenkonstellation weisen. Es lohnt sich, für diese Überlegungen genauso viel Zeit einzuplanen wie zur Erstellung des Arbeitsauftrages.

Wer braucht welches Material?

Wenn das Lernen tatsächlich so individuell wie ein Fingerabdruck ist, brauchen die Schülerinnen und Schüler unterschiedliche Möglichkeiten, sich ein Thema anzueignen. Das betrifft Erarbeitungsphasen genauso wie Übungsphasen. Sie kennen Ihre Klasse am besten. Brauchen Ihre Schülerinnen und Schüler Arbeitsmaterial unterschiedlicher Komplexität, sodass sich jede einzelne Schülerin und jeder einzelne Schüler angemessen herausgefordert fühlt? Das bietet sich an, wenn die Leistungsfähigkeit in der Klasse sehr unterschiedlich ist. Besonders in Übungsphasen, bei denen es um richtig und falsch geht, haben sich Materialien bewährt, die eine Selbstkontrolle ermöglichen. Oder ist es sinnvoll, sich dem Thema über unterschiedliche Kanäle zu nähern? Brauchen die einen eher einen Text, die anderen einen Film und fühlen sich wieder andere in ihrem Element, wenn sie einen Experten interviewen oder im Internet recherchieren? Welche Möglichkeiten können Sie in Ihrem Arbeitsumfeld eröffnen? Das hört sich nach sehr aufwendiger Vorbereitung an? Ja, das stimmt. Gleichzeitig wissen wir heute so viel über die Heterogenität von Gruppen, dass wir unmöglich glauben können, dass ein einziges Lernangebot für alle gleichermaßen richtig ist. Überschaubar und entlastend wird es, wenn die Lehrerinnen und Lehrer hier an einem Strang ziehen und sich auf der Basis abgestimmter interner Curricula gemeinsam für die Bereitstellung von Unterrichtsmaterial zuständig fühlen. Hier ist also die Teamarbeit der Lehrerinnen und Lehrer gefragt.

Eigene Schwerpunkte setzen in einer freien Lernzeit

Einige Schulen richten – teilweise sogar klassen- und stufenübergreifend – freie Lernzeiten für ihre Schülerinnen und Schüler ein, die von unterschiedlichen Lehrerinnen und Lehrern begleitet werden. Diese stehen dann entweder für inhaltliche Nachfragen oder als Lerncoaches zur Verfügung, die bei einer zielführenden Lernorganisation oder -strategie unterstützen. Eine freie Lernzeit kann unterschiedlich konzipiert sein und unterschiedliche Ziele verfolgen:

1. Als eine Zeit, in der die Schülerinnen und Schüler selbstorganisiert Themen des laufenden Unterrichts nachbearbeiten, üben oder vertiefen können. Sie erreichen in dieser Zeit selbstständig ihre Lernziele. Sie können die Zeit auch zur Vorbereitung auf bevorstehende Prüfungen nutzen, allein, im Tandem oder in einer Gruppe arbeiten. Damit sich alle gut konzentrieren können, braucht es eine Flüsterkultur oder mehrere Räume. Für diese Form der Differenzierung sollte ein Zeitfenster von mindestens zwei Unterrichtsstunden innerhalb des Stundenplans eingerichtet werden. Inhaltlich wird auf Selbstorganisation gesetzt. Die Schülerinnen und Schüler dokumentieren, woran sie arbeiten und reflektieren ihren Prozess, um sukzessive ihre Effizienz und Effektivität zu optimieren.
2. Die Schülerinnen und Schüler erschließen sich in ihrem eigenen Tempo ein vorgegebenes Curriculum, das als Übersicht vorliegt. Es steht differenziertes Arbeitsmaterial zur Verfügung, das Lernen auf unterschiedlichen Komplexitätsstufen ermöglicht. Sie führen dazu eine Art Logbuch und sprechen mit ihren Lehrerinnen und Lehrern regelmäßig über ihren individuellen Lernpfad und ihren Lernfortschritt. In diesem Konzept fließt zunächst viel Arbeit in die Materialerstellung. Der vorbereitende und organisatorische Aufwand ist groß, aber er lohnt sich, weil die Schülerinnen und Schüler in ihrem eigenen Tempo lernen können und so Über- oder Unterforderung, wie viele sie beim Lernen im Gleichschritt erleben, minimiert werden.
3. Als ein Zeitfenster innerhalb des Stundenplans, das für die Bearbeitung komplexer Aufgabenstellungen reserviert ist. Die Schülerinnen und Schüler arbeiten projektorientiert im Team. Komplexe Aufgaben haben häufig einen fächerübergreifenden

Ansatz. Die Interessen der Schülerinnen und Schüler stehen im Mittelpunkt. Es gibt Angebote, es können aber auch eigene Vorschläge gemacht werden. Der Arbeitsprozess sollte metakommunikativ gut begleitet werden. Am Ende werden die Ergebnisse in einem besonderen Rahmen präsentiert. Bei dieser Form der freien Lernzeit brauchen die Schülerinnen und Schüler eine gute Ausstattung mit unterschiedlichstem Material und sehr flexible Lehrerinnen und Lehrer, die ihre Rolle als Fachexperten ablegen können und sich in dieser Lernzeit eher als Dienstleister für die Schülerinnen und Schüler verstehen. So wird ein Rahmen zur Entfaltung von Kreativität und Ideenreichtum geschaffen und auch mal Unmögliches möglich gemacht. Organisatorisch kann das eine Herausforderung für die Schule sein. Die Gelegenheit für Schülerinnen und Schüler, Selbstwirksamkeit zu erleben, ist hingegen kaum mehr zu toppen.

Prüfen Sie, welche Formen der Differenzierung in Ihrer Klasse und Ihrer Schule möglich sind. Finden Sie Verbündete und ermöglichen Sie Ihren Schülerinnen und Schülern individuellen Spielraum innerhalb des Stundenplans. Sie werden erleben, wie verantwortungsvoll sie damit umgehen. Nur Mut!

Keine Vergleiche mit anderen, bitte!
In Klassen, deren Schülerinnen und Schüler unterschiedlichste Leistungsstände haben, sind Leistungsvergleiche innerhalb der Lerngruppe wertlos. Es ist wie ein Vergleich von Äpfeln mit Birnen. Die Aussagekraft ist äußerst zweifelhaft und diejenigen, die sich am unteren Ende der Leistungsskala befinden, haben kaum eine Chance sich zu motivieren, weil die anderen immer schneller und besser sind. Sie werden sich schnell als „schlechte Schülerin“ bzw. „schlechter Schüler“ fühlen. Wie sollen die Langsamen so jemals Erfolge feiern? Alle sind gut, so wie sie sind. Und alle gehen ihren

eigenen Weg. Die einen schneller, die anderen langsamer. Die einen schießen mit Leichtigkeit weit über das Ziel hinaus, die anderen schaffen es gerade eben mit der allergrößten Anstrengung. Beides verdient Anerkennung und Wertschätzung, von den Lehrerinnen und Lehrern und von den Mitschülerinnen und Mitschülern. Es braucht ein Klima, in dem alle individuellen Erfolge gewürdigt werden, seien sie auch noch so klein. Da müssen die Leistungsschwächsten sich nicht „schlecht" fühlen, weil andere „besser" sind als sie, und die Leistungsstärksten sollen sich nicht als „besser" fühlen, weil andere „schlechter" sind als sie. In einer Schule mit lauter heterogenen Lerngruppen sind diese Kategorien eigentlich obsolet. Dennoch haben sie sich im allgemeinen Sprachgebrauch so sehr verfestigt, dass es eine echte Herausforderung ist, auf sie zu verzichten.

Werden die kleinen Fortschritte der langsamen Lerner auf Dauer nicht gewürdigt, entwickeln sie sich nicht nur nicht weiter, sondern sie werden mit einiger Wahrscheinlichkeit zu Leistungsverweigerern. Mit dieser Zuschreibung haben sie in der Gesellschaft kaum Chancen auf Teilhabe, gleichzeitig kann die Gesellschaft es sich gar nicht leisten, Menschen auf diese Weise zu verlieren. Jeder wird gebraucht! Wir müssen lernen, den großen Lernzuwachs herauszustellen, wenn eine Schülerin oder ein Schüler in der 2. Klassenarbeit keine Sechs, sondern eine Fünf geschrieben hat. Dafür mussten zum Beispiel mindestens 30 % der Aufgaben richtig bearbeitet worden sein. Daran kann man doch anknüpfen! Der individuelle Lernzuwachs ist unter Umständen viel größer als der von einer Zwei zu einer Eins, ohne den Erfolg der tollen Note schmälern zu wollen! Hopfen und Malz ist nicht verloren, wenn Schülerinnen und Schüler Fünfen und Sechsen schreiben. Es ist nur eine Herausforderung an die Lehrerin oder den Lehrer, ihnen die kleinen Erfolge aufzuzeigen, sie zu ermutigen, den schweren Weg zu gehen und mit ihnen passende Lernstrategien zu entwickeln. Im Idealfall herrscht in der Klasse ein Klima, in dem die Leistungsstärksten sich über die Fortschritte der Leistungsschwächsten genauso freuen können wie über die eigenen, nicht zuletzt, weil sie möglicherweise als interne Unterstützer auch Anteil daran haben.

Die Notengebung muss an den Standards des jeweiligen Bildungsganges ausgerichtet sein und darüber sollte auch Transparenz herrschen. Die Schülerinnen und Schüler müssen immer wissen, wie hoch die Latte hängt, über die sie springen sollen. Wir sind sicher, dass, mit einer guten Portion Erfolgszuversicht und einem unterstützenden Klassenklima, dies den allermeisten Schülerinnen und Schülern auch gelingen wird. Selbst Vergleiche müssen nicht pauschal abgeschafft werden – natürlich sollen Schülerinnen und Schüler sich vergleichen, allerdings ihre eigenen Lernergebnisse vor dem Hintergrund der Ziele ihres Bildungsganges. Das eigene Wachstum muss sichtbar werden, damit sie stolz sein können auf das schon Erreichte. Ähnlich wie kleine Kinder stolz sind auf ihr Wachstum im Wortsinn, wenn ihre Größe gemessen und ein neuer Strich immer ein bisschen weiter oben auf der Skala gemacht wird. Wir haben auch nichts gegen einen sportlichen Leistungsvergleich. Wie beim Profiboxkampf sollten die Rivalen aber die gleiche Gewichtsklasse haben.

Keine Erwartungen und keine Bedingungen – oder doch?
Es ist nicht immer leicht, Menschen grundsätzlich vorurteilsfrei und gänzlich ohne Vorbehalte zu begegnen. Wir alle haben schließlich Erfahrungen und eine gewisse Menschenkenntnis. Welches Verhalten erwarten Sie von Ihren Schülerinnen und Schülern? Welche Umgangsformen finden Sie normal und selbstverständlich? Finden Ihre Schülerinnen und Schüler das auch? Was kann, muss, darf man erwarten? Was sollte man erwarten können? Welche Bedingungen kann man stellen? „Ist es zu viel

verlangt, wenn ich erwarte, dass man morgens pünktlich kommt?“, fragt eine Kollegin genervt. Unsere Antwort ist: „Ja. Manchmal schon.“ Zum Beispiel, wenn noch nie darüber gesprochen wurde, dass Pünktlichkeit erwartet wird und man noch gar nicht weiß, ob alle diesen Wert teilen.

Wie vielfältig die Vielfalt in unseren Klassen ist, beschreiben wir im Kapitel „Starke Argumente“ genauer. Wir können nicht davon ausgehen, dass die Konventionen, die wir unausgesprochen für gültig halten, auch tatsächlich in unseren Klassen gelten. Jede neue Gruppe muss ihre eigenen Konventionen verhandeln. Was brauchen wir in dieser Klasse, um gut zu lernen? Was kann jeder Einzelne tun, damit wir alle unser Ziel erreichen? Was ist uns wichtig im Umgang miteinander? Was erwarten wir von den Lehrerinnen und Lehrern? Was erwarten die Lehrerinnen und Lehrer von uns? Worauf einigen wir uns? Thematisieren Sie vermeintliche Selbstverständlichkeiten und leiten Sie daraus Regeln ab, die in dieser Gruppe gelten sollen. Es lohnt sich!

Der wichtigste Wert, der nach unserer Erfahrung besonders in multikulturellen Gruppen immer sofort genannt wird, ist Respekt. Die Schülerinnen und Schüler wünschen sich einen respektvollen Umgang. Wunderbar! Was genau heißt das? Lassen Sie diesen Begriff einmal von Ihren Schülerinnen und Schülern ausdifferenzieren. Sie werden begeistert sein! Die entstandenen Vereinbarungen werden besiegelt, indem sie zum Beispiel auf einem immer sichtbaren Plakat visualisiert und von allen unterschrieben werden. Erst jetzt ist klar, was erwartet wird und welche Bedingungen mit einem erfolgreichen Unterricht in der Schule verknüpft sind. Wenn es nötig werden sollte, kann man über Konsequenzen sprechen, mit denen zu rechnen ist, wenn jemand sich nicht daran hält.

Eine Variante bei älteren Schülerinnen und Schülern, die wahrscheinlich auch schon negative Schulerfahrungen gemacht haben, ist die Erarbeitung von Klassenregeln über die Kopfstandmethode. Hier wird zunächst gesammelt, was alles passieren muss, damit die Klasse auf jeden Fall scheitert. Die genannten Punkte werden auf Karten geschrieben und auf dem Boden ausgebreitet. Wenn die Schülerinnen und Schüler ihre Karten vorstellen, werden Sie merken, dass es oftmals keine Übertreibungen sind, die hier genannt werden. Viele haben das erlebt, was sie aufschreiben, und sie wissen ganz genau, dass es so nicht sein darf, wenn die Klasse erfolgreich sein soll. Von Drogenkonsum über Gewaltvorfälle wird alles beim Namen genannt. Und es ist hilfreich, hier als Lehrerin oder Lehrer neutral zu bleiben. Es ist, wie es ist. Anschließend werden im Umkehrschluss Gelingensbedingungen abgeleitet und die Kopfstandkarten werden feierlich vernichtet, weil es so nicht sein wird. Bei der Vernichtung der Karten wird eine Erleichterung in der Gruppe spürbar. Diese paradoxe Intervention ermöglicht einen positiven Neustart. Darin liegt ihre große Stärke.

Achtsamkeitsübung zur Sprache

Machen Sie sich bewusst, wie Sie selbst und Ihre Kolleginnen und Kollegen über die Schülerinnen und Schüler sprechen. Ist die Rede von „den Guten“ und „den Schlechten“? Was genau meinen Sie damit? Wahrscheinlich geht es bei dieser Kategorisierung lediglich um eine Einteilung der Leistungsergebnisse Ihrer Schülerinnen und Schüler in „gut“ oder „schlecht“, bezogen auf einen angestrebten, definierten Standard, der von den Schülerinnen und Schülern erreicht werden soll. Wir sind überzeugt davon, dass bereits diese oft unbewusste Wortwahl einen Einfluss auf das Selbstwertgefühl der Schülerinnen und Schüler hat, selbst wenn sie gar nicht in ihrer Gegenwart benutzt wird. Die Schülerinnen und Schüler selbst haben diesen durchaus üblichen Sprachgebrauch adaptiert und sprechen von sich als „gut“ oder „schlecht“.

Ist dieses Stigma erst einmal internalisiert, so ist die Wahrscheinlichkeit groß, dass sie sich entsprechend verhalten (Pygmalion-Effekt). Allein dadurch, dass Sie Ihre Sprache und Ihr Denken reflektieren und wertende Vokabeln streichen, können Sie erheblich zu einem wertschätzenden Klima beitragen.

Individualität

Schülerinnen und Schüler individuell begrüßen
Es tut gut, individuell wahrgenommen und willkommen geheißen zu werden. Mit einer kleinen Geste vor dem Beginn des Unterrichts können Lehrerinnen und Lehrer bereits ein Zeichen setzen. Dazu müssen sie lediglich vor den ersten Schülerinnen und Schülern in der Klasse sein und dann alle mit Namen und Handschlag persönlich begrüßen. Diese Geste wird ihre Wirkung nicht verfehlen.

Bei den Stämmen der südafrikanischen Provinz Natal gibt es ein Ritual, das in seiner wörtlichen Übersetzung den Wert der persönlichen Begrüßung sehr deutlich macht. Derjenige, der bereits da ist, sagt zu demjenigen, der kommt: „Sawubona". Das bedeutet:

„Ich sehe dich" und wird in der Sprache der Zulu gebraucht wie unser „Hallo". Derjenige, der kommt, sagt daraufhin „Sikhona", was wörtlich mit „ich bin da" übersetzt wird. Erst wenn derjenige, der kommt, gesehen worden ist, ist er da (Senge, Peter. Zitiert nach: Muster-Wäbs, 2013).

Die persönliche Begrüßung, ein paar Sekunden individuelle Aufmerksamkeit, bevor es losgeht, haben eine Auswirkung auf das Klima in der Klasse. Sie haben eine Auswirkung auf die Lernlust und die Arbeitshaltung, weil mit der persönlichen Begrüßung gleichzeitig nonverbal kommuniziert wird: „Du bist wichtig! Es ist schön, dass du hier bist."

Ganz besonders in Anfangssituationen ist diese etwas aufwendigere Form der Begrüßung angebracht. In der ersten Stunde nach den Ferien oder am ersten Tag nach einer längeren Pause.

Das übliche Handlungsmuster in der Schule ist ein anderes. Die Lehrerin bzw. der Lehrer kommt in den Klassenraum, wenn bereits alle da sind, und begrüßt die Klasse als Ganzes. Blickkontakt ist in dieser Situation nur mit Einzelnen möglich. Die Schülerinnen und Schüler können sich so nicht individuell wahrgenommen und gesehen fühlen. Ein Musterwechsel in der schulischen Begrüßungskultur am Morgen? Wie wär's?

Beobachten, ohne zu bewerten

Die Leistungsbewertung ist ein wichtiger Teil der Lehrerarbeit. Es wird von uns erwartet, dass wir regelmäßig nachvollziehbare, valide und gerechte Leistungsrückmeldungen geben, die sich letztlich akkumuliert als Noten halbjährlich im Zeugnis wiederfinden. Eine Note setzt sich meist aus schriftlichen Anteilen und Mitarbeitsanteilen zusammen. Letztere kommen auf sehr individuelle Weise zustande. Bewertung ist aber eben nur ein Teil der Arbeit.

Lernbegleitung ist ein anderer. Liegen Ihnen in Ihrem Unterricht bewertungsfreie Räume am Herzen oder ist Ihnen wichtig, dass sich die Schülerinnen und Schüler im Unterricht grundsätzlich bewertet fühlen? Kann man das als Lehrerin oder Lehrer überhaupt trennen? Wir meinen ja und laden ausdrücklich dazu ein, den Bewertungsblick so oft wie irgend möglich beiseite zu lassen und durch einen Begleitungsblick zu ersetzen. Wenn beurteilt wird, muss für die Schülerinnen und Schüler immer transparent sein, wann was wie bewertet wird.

Wir bewerten vor dem Hintergrund unserer eigenen Vorstellung von richtigem und falschem Verhalten. Wir haben Kategorien von positiv oder negativ im Kopf, von „gefällt mir" oder „gefällt mir nicht" – das bringt Bewertung so mit sich. Wir können oftmals gar nicht anders und es fällt uns noch nicht einmal mehr auf, dass wir dauernd bewerten. Dabei verlieren wir aus den Augen, dass unsere Wahrnehmung auch nur eine von vielen ist. Sie kann mit der Wahrnehmung anderer übereinstimmen, muss es aber nicht. „Es ist die höchste Form menschlicher Intelligenz, zu beobachten ohne zu bewerten", lehrt uns die gewaltfreie Kommunikation (Rosenberg, 2010, S.48) und wer damit beginnt, wird feststellen, dass es gar nicht so einfach ist. Sehen Sie den Unterschied in den folgenden Aussagen?

- „Max ist gestern völlig grundlos ausgeflippt" versus „Gestern ist Max plötzlich aufgestanden, hat Olli einen Idioten genannt, ist rausgelaufen und hat die Tür zugeknallt."
- „Pia ist vergesslich" versus „Pia hat mich in dieser Woche drei Mal nach einem Stift gefragt."
- „Leon ist ein Träumer" versus „Während der Bearbeitungszeit hat Leon aus dem Fenster geschaut."
- „Kati stört dauernd den Unterricht!" versus „Kati hat während des Unterrichts mehrfach mit ihrer Nachbarin geredet."

Besonders in angespannten, konflikthaften Situationen ermöglicht die Beobachtung ohne Bewertung eine Kommunikation auf Augenhöhe, ohne negative Zuschreibungen. Diese wiederum erhöht die Chance, wirksam zu platzieren, was einem wichtig ist, ohne das Gegenüber aus einer Top-down-Kommunikation heraus in eine Abwehr- und Rechtfertigungshaltung zu lenken. Damit bekäme der Konflikt noch mehr Raum und oft auch Lautstärke. Wenn es Ihnen gelingt, in einem Konflikt über Ihre Beobachtung mit dem anderen ins Gespräch zu kommen, können Sie klären, was Ihnen beiden wichtig ist, und eine Lösung finden, die für beide passt. Eine Klärung ohne Sieg und Niederlage, sondern im Sinne der gemeinsamen Sache.

In allen Konfliktsituationen ist es für eine gelungene Deeskalation grundsätzlich unerlässlich, trotz berechtigter Kritik einander jederzeit respektvoll zu begegnen. Beobachten Sie Ihre Gedanken im Unterricht einmal selbst und kommen Sie sich auf die Spur: Wann bewerten und wann beobachten Sie? Versuchen Sie, aus einem Bewertungsgedanken einen Beobachtungsgedanken zu machen. Vorsicht vor Gedanken, die mit „immer“ oder „nie“ anfangen. Sie können davon ausgehen, dass immer nie stimmt! Werden Sie stattdessen konkret. Schärfen Sie Ihre Beobachtungsgabe!

Überlegen Sie auch, wann Sie bewertend mit sich selbst umgehen und machen Sie daraus Beobachtungen. Welches konkrete Verhalten führt dazu, dass Sie sich so bewerten, wie Sie es tun?

Den Ressourcenblick trainieren

Vorgegebene Bildungsziele und eigene hohe Ansprüche an die Leistungsergebnisse unserer Schülerinnen und Schüler mögen mit ein Grund dafür sein, dass wir Lehrerinnen und Lehrer sehr schnell ihre Defizite sehen. Liegt der Scheinwerfer der Aufmerksamkeit erst einmal auf den Defiziten und Schwächen, sind die Potenziale und Stärken im Dunkeln und werden im schlimmsten Fall gar nicht mehr gesehen. Wenn die Ressourcen aus dem Blick geraten, wird es mit der Motivation schwierig. Das Gefühl der Unzulänglichkeit ist auf Dauer schwer erträglich, sowohl für denjenigen, dem die Defizite bescheinigt werden, als auch für denjenigen, der sie feststellt. Wollen Sie die Ressourcen Ihrer Schülerinnen und Schüler wieder mehr in den Fokus bekommen? Wir schlagen dazu die Arbeit mit einem Denkmodell vor, das der Kommunikationspsychologe Schulz von Thun als Werte- und Entwicklungsquadrat beschrieben hat (Schulz von Thun, 1993). Es setzt bei der Wahrnehmung und Bewertung von Eigenschaften an, die entweder positiv oder negativ sind. Jeder negativen Zuschreibung steht einerseits eine positive Entwicklungsrichtung als auch ein positiver Gegenwert gegenüber. Der springende Punkt ist, dass man sich so das Gute im Schlechten bewusst machen kann und sieht, zwischen welchen Werten die Balance zu halten ist.

Ein Beispiel: Karim lässt sich leicht ablenken und kann sich schwer konzentrieren. Aus der Sicht der Lehrerin stört er den Unterricht. Wenn er abgelenkt ist, redet er mit seinen Nachbarn oder läuft durch die Klasse, weil er wissen will, was sein Mitschüler auf der anderen Seite macht. Alles scheint für ihn interessanter zu sein als das, was er gerade tun soll.

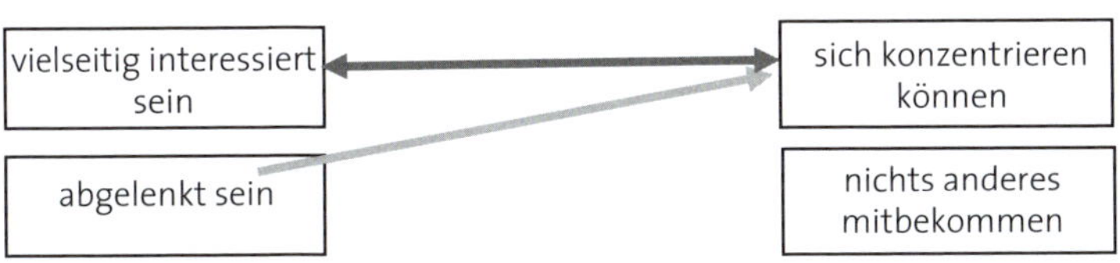

Im Schaubild stehen die positiven Werte oben. Es ist gut, vielseitig interessiert zu sein und es ist ebenfalls gut, sich konzentrieren zu können. Diese beiden Werte müssen in der Balance sein. Geraten sie aus der Balance, kippen sie nach dem Motto „zu viel des Guten"

in ihre negative Überspitzung. Der diagonale Pfeil steht für Karims Entwicklungsrichtung. Er muss nun verstehen, welche Gegenbewegung er braucht, um wieder in die Balance zu kommen. Dabei haftet ihm nicht das Stigma des störenden Schülers an, sondern er erfährt die Ressource, die im Abgelenktsein liegt: Er erfährt, dass es gut ist, vielseitig interessiert zu sein. Für ihn wäre es schlimm, wenn er nicht mitbekommt, was die anderen tun. Darin liegt für ihn die „Gefahr", wenn er sich auf das Unterrichtsthema konzentriert. Möglicherweise braucht er eine Strategie, damit ihm das besser gelingt. Und er braucht die Gewissheit, dass es o. k. ist, sich für das zu interessieren, was die anderen machen, dass aber alles seine Zeit hat. Mit ein bisschen Übung gelingt es intuitiv, sich mit dem Wertequadrat im Hinterkopf die Ressourcen in einem beobachteten Verhalten vor Augen zu führen.

Klarheit

Prozesstools einsetzen – Prozessrituale etablieren

Lernen erfolgt zielgerichtet. Im Idealfall ist das Ziel für die Lernenden attraktiv. Zwischen Start und Ziel liegt der Weg – der Lernpro-

zess. Sollen die Schülerinnen und Schüler zunehmend selbstständig und eigenverantwortlich lernen und Selbstwirksamkeit beim Lernen erleben, dann brauchen sie Handwerkszeug, mit dem sie die Qualität ihres eigenen Lernprozesses überprüfen und sukzessive verbessern können. Es braucht prospektive Tools für die Planung des Lernprozesses sowie retrospektive Tools für dessen Reflexion. Der Einsatz solcher Hilfsmittel kann eingeübt und professionalisiert werden. Sie können mit jeder neuen Lerneinheit oder in speziell im Stundenplan ausgewiesenen selbstorganisierten Lernzeiten eingesetzt werden. In der Wochenplanarbeit ist der Einsatz von Prozesstools ebenfalls sinnvoll. Schulen, Klassen, Menschen und Unterricht sind zu verschieden, als dass es dafür Patentrezepte geben könnte. Wir möchten dazu anregen, die Lernprozesse selbst in den jeweiligen Gruppen regelhaft zum Thema werden zu lassen. Die Tools können in Sprache und Layout jeweils angepasst werden.

Ein Planungstool könnte beispielsweise zur Klärung der folgenden Fragen anregen:
- Was will ich (heute) erreichen?
- Welche Informationsquellen werde ich nutzen?
- Wie werde ich vorgehen?
- Wie soll mein Ergebnis aussehen?
- Mit wem werde ich zusammenarbeiten?
- Von wem werde ich mir ein Feedback holen?

Je nachdem, wie geübt die Schülerinnen und Schüler mit Lernmethoden sind, kann das Planungstool offener oder geführter konzipiert werden.

Ein Reflexionstool soll einen Rückblick auf den Lernprozess ermöglichen und dabei besonders die Selbstständigkeit und Eigenverantwortung in den Blick nehmen. Die eigene Zufriedenheit mit

dem Lernen ist hier sehr wichtig. Dazu eignen sich einfache Skalierungsfragen. Zum Beispiel: Wie zufrieden bin ich heute auf einer Skala von 1 (unzufrieden) bis 10 (sehr zufrieden) mit:

- dem Ergebnis, das ich erreicht habe?
- meinem Arbeitstempo?
- meiner Konzentration auf die Sache?
- dem Feedback?
- meiner Arbeitsweise?
- meiner Zusammenarbeit mit den anderen?

Das Reflexionstool kann auch dazu genutzt werden, für das nächste Mal eine Veränderung in den Blick zu nehmen und mit offenen Fragen abzuschließen:

- Was ist mir heute besonders gut gelungen?
- Was nehme ich mir für das nächste Mal vor?

Der ritualisierte und selbstverständliche Umgang mit Prozesstools führt dazu, dass sich Schülerinnen und Schüler für ihren eigenen Lernprozess verantwortlich fühlen. Die Selbstbestimmung bekommt einen höheren Stellenwert. Die in der Schule häufig anzutreffende Erledigungsmentalität („Ich erledige die Aufgaben, die die Lehrerin oder der Lehrer mir stellt.") weicht einer Haltung, die den Wert der individuellen Weiterentwicklung dank eigener, attraktiver Ziele erfahrbar macht.

Überblick ermöglichen und Orientierung sicherstellen

Die in der Schule zu bearbeitenden Themen sind in aller Regel zu komplex, als dass man sie in einer Stunde durchnehmen könnte. Damit Schülerinnen und Schüler mit dieser Komplexität umgehen können, ist es wichtig, Überblicksmethoden zu kennen, die helfen, Komplexität zu strukturieren und Zusammenhänge zu erkennen. Alle müssen ihre eigenen Bezugs- und Anknüpfungspunkte zum

Thema finden, damit es für sie eine Relevanz bekommt und die Chance besteht, dass nachhaltig gelernt wird.

Lernlandkarten

Für Orientierung im Gelände sorgt eine Landkarte, in einer fremden Stadt ein Stadtplan. Die Landkartenmetapher hat sich für schulisches Lernen bereits bewährt. Lernlandkarten ermöglichen Überblick und Orientierung. Sie visualisieren unterschiedliche Aspekte einer zu bearbeitenden Thematik. Die Ziele sind klar und mögliche Lernschritte werden definiert. Das geht individuell oder kollektiv. Eine schön gestaltete Lernlandkarte mit themenbezogenen Bildern sieht sehr ansprechend aus und kann durchaus die Lernlust beflügeln.

Mindmaps

Eine weitere klassische Überblicksmethode ist das „Mindmapping". Diese Methode eignet sich besonders auch für die gemeinsame Erarbeitung eines Themenüberblicks. Mindmapping hilft Gedanken zu strukturieren und visualisiert Zusammenhänge. Um einen zentralen Begriff herum entstehen Strukturen, die Komplexität sichtbar und anschließend bearbeitbar machen. Der Lernprozess beginnt bereits bei der gemeinsamen Entwicklung der Mindmap. Besonders diejenigen Schülerinnen und Schüler profitieren von der Methode, die eine visuelle Unterstützung beim Lernen brauchen.

Kartenfragen

Soll ein Thema zunächst intuitiv aufgefächert werden, eignet sich die Kartenfrage, die aus der Moderationsmethode bekannt ist. Hier wird eine offene Frage gestellt, auf die mit möglichst unterschiedlichen Aspekten des Themenbereiches individuell geantwortet werden kann. Die Antworten bilden Themencluster, die dann im nächsten Schritt weiter ausdifferenziert werden. Mit

dieser Methode stehen zunächst die Bezugs- und Anknüpfungspunkte im Mittelpunkt, die die Schülerinnen und Schüler zum Thema haben. Sie werden dann durch Fachsprache und Sachaspekte bestätigt und ergänzt. Gegebenenfalls kristallisieren sich schon Interessenschwerpunkte heraus.

Während Lernlandkarten und Mindmaps auch schon vorbereitet sein können und in einem zweiten Schritt um die schülerbezogenen Aspekte ergänzt werden, erfordert die Kartenfrage den Mut zur Offenheit und Flexibilität im Umgang mit unerwarteten Schüleräußerungen.

Schüleraktivierende Methoden finden Sie detailliert beschrieben zum Beispiel bei Gugel, 2011.

Strukturierungshilfen geben
Für den professionellen Umgang mit Komplexität brauchen sowohl Schülerinnen und Schüler als auch Lehrerinnen und Lehrer die Kompetenz zu strukturieren. Alles braucht Struktur. Der Schultag, die Schulwoche, das Projekt, die Prüfungsvorbereitung, die Gruppenarbeit, die Präsentation, der Aufsatz, der Lernplan, die Textarbeit, der Ordner und vieles andere mehr. Eine Tageszeitung ist strukturiert, eine Nachrichtensendung, ein Molekül, ein Gedicht und eine Gerichtsverhandlung. Eine gute Struktur ist wie ein Gerüst, das für Stabilität sorgt. Sie bietet Halt und Überblick. Eine Struktur ordnet und organisiert. Sie hilft bei der Orientierung, sie verdeutlicht Zusammenhänge und sie bietet einen roten Faden. Auch das Identifizieren von Mustern bildet Strukturen. Sie können also erkannt oder erstellt werden.

In einem Unterricht, der Selbstständigkeit und die Eigenverantwortung für das eigene Lernen stärken will, brauchen Schülerinnen und Schüler vor allem Strukturierungshilfen für die Selbstorgani-

sation. Wenn sie vor komplexen Aufgaben stehen, wenn sie das Gefühl haben, einen Berg von Arbeit vor sich zu haben und gleichzeitig keine Ahnung, womit sie beginnen sollen, dann brauchen sie Handwerkszeug.

Welche Strukturierungshilfen bieten Sie in Ihrem Unterricht an? Häufig anzutreffen sind Tabellen und Listen. Aus dem Projektmanagement sind Aktionspläne bekannt, „wer macht was bis wann mit wem?" Mit Tabellen, Listen und Aktionsplänen können nach unserer Erfahrung vor allem diejenigen Schülerinnen und Schüler gut arbeiten, denen das Organisieren von Natur aus leichter fällt.

Schülerinnen und Schüler, denen wir gern die Eigenschaft „chaotisch" zuschreiben, die häufiger mal etwas vergessen, die eine unaufgeräumte Schultasche haben und in deren Ordner Zettelwirtschaft herrscht, brauchen andere Angebote. Als Lernpläne haben sich für uns bei diesen Schülerinnen und Schülern großformatige Übersichten bewährt, in denen zum Beispiel mit bunten Klebezetteln eine Struktur entstehen kann, die auch noch flexibel ist. Auf jedem Zettel steht ein überschaubares Lernpaket. Nachdem zunächst die zu lernenden Inhalte möglichst differenziert benannt worden sind, muss jeder individuell lernen, diese Pakete für sich zu packen. Grundsätzlich bieten sich Legetechniken unterschiedlicher Art an. Teile, die einzeln in die Hand genommen werden können und zusammen ein großes Ganzes ergeben, laden zum Strukturieren ein. Ganz hervorragend eignet sich auch das flexible Modellieren mit dem FLEMO-Kasten zum Erschließen und Entwickeln von Strukturen (Städeli et al. 2013). Kreativität ist übrigens auch hier gefragt – eine ebenfalls nicht zu unterschätzende Zukunftskompetenz!

Zielarbeit einfordern
Ziele formulieren ist unbequem. Ziele verfolgen ist nicht immer leicht. Ziele erreichen ist schön. Ein unglaublich gutes Gefühl. Es hat mit Erfolg, Stärke und Durchhaltevermögen zu tun. Im schulischen Erledigungsmodus können erreichte Ziele und das dazugehörige Gefühl schnell im Tagesgeschäft untergehen. Außerdem steht am Anfang die Aufgabe, das Ziel zu formulieren, und das ist unbequem.

Schon Freud hat in seiner Verdrängungslehre formuliert, dass der Mensch danach strebt, „Unlust zu vermeiden“ (Freud, 2000). Unbequemem geht der Mensch also gern aus dem Weg, darum kommt möglicherweise das Formulieren von Zielen im Schulalltag oft zu kurz. Bis Schülerinnen und Schüler lernen, ihre Ziele selbst zu formulieren, und ihnen das als erster Teil ihres Lernprozesses in Fleisch und Blut übergeht, braucht es bei Lehrerinnen und Lehrern Geduld. Auch ihnen muss der Nutzen der Zielarbeit für das selbstständige und eigenverantwortliche Lernen bewusst sein, damit sie ihn gegenüber ihren Schülerinnen und Schülern authentisch vertreten können.

Ein angenehmer Nebeneffekt guter Zielformulierungen ist die gleichzeitige Klärung der Sinnfrage. Ziele werden nicht zweckfrei verfolgt. Vor der Zielformulierung steht daher die Klärung: „Was will ich?“ Wir wissen, dass jeder Mensch etwas erreichen will. Bisweilen ist es eine ziemliche Herausforderung, dem Wollen unserer Schülerinnen und Schüler auf die Spur zu kommen. Wir dürfen sie hier aber nicht vom Haken lassen. Jeder kann und muss seine Ziele selbst formulieren. Erst dann sind es eigene Ziele, die es zu erreichen sich lohnt. Und von wirklich attraktiven Zielen geht ein Sog aus, der die Arbeitslust und Produktivität beflügelt.

Ziele lassen sich auf verschiedene Weise formulieren. Aus dem Projektmanagement sind **SMARTe Ziele** bekannt. Sie sollen **s**pezifisch, **m**essbar, **a**ktionsorientiert, **r**ealistisch und **t**erminiert sein. In SMARTen Zielen stecken verbindliche Elemente, die bereits den Arbeitsprozess vorstrukturieren. SMARTe Ziele sind hilfreich, wenn es darum geht, konkrete Aufgaben zu bewältigen. Ein SMARTes Ziel für die Arbeit mit diesen Karten wäre zum Beispiel: „Bis zum Ende des Monats habe ich meinen Unterricht mit drei Karten aus dem Entwicklungscluster „Individualität" reflektiert, meine Erfahrungen aus konkreten Unterrichtssituationen notiert und mich mit meiner Kollegin darüber ausgetauscht."

- Das Ziel ist spezifisch: Ich arbeite mit drei Karten aus dem Entwicklungscluster „Individualität".
- Das Ziel ist messbar: Am Ende des Monats kann ich nachvollziehen, ob das Ziel erreicht ist.
- Das Ziel ist aktionsorientiert: Es lassen sich ganz konkrete Handlungen ableiten, die ich selbst gestalten kann.
- Das Ziel ist realistisch: Die Machbarkeit muss individuell geprüft werden.
- Das Ziel ist terminiert: Am Ende des Monats soll es erreicht sein.

Für die individuelle Förderung kann auch ein **Haltungsziel** sinnvoll und wichtig sein. Ein Ziel, das mich daran erinnert, mit welchem Leitgedanken ich mich meinen Herausforderungen stellen will. Ein Haltungsziel ist etwas ganz Persönliches (Storch, 2006).

Zielarbeit ist grundsätzlich immer wichtig und immer möglich. Wann und wie oft Ziele neu formuliert werden sollten, ist nicht zu verallgemeinern. Hier müssen die jeweiligen Lerngruppen und deren Bildungsziele sowie die Organisation und Arbeitsweise der spezifischen Gruppe berücksichtigt werden.

Standards formulieren

Schulische Standards explizieren, was Lehrerinnen und Lehrern implizit wichtig ist. Es geht um Lerninhalte und um Kompetenzen. Es ist oft ein langer und durchaus anstrengender Weg, bis für einen Bildungsgang, eine Jahrgangsstufe, ein Unterrichtsfach oder einen Themenkomplex Standards formuliert sind, die von allen beteiligten Lehrkräften als ausreichend und wichtig erachtet werden. Dieser Weg erfordert eine Moderation, die es allen Beteiligten ermöglicht, sich inhaltlich einzubringen. Nur, wenn es ein gemeinsames Ergebnis ist, wird es auch in allen Unterrichtsstunden wirksam werden. Wer gemeinsame Standards entwickelt hat, hat schon einen wichtigen Schritt auf dem Weg vom „Ich und meine Klasse" zum „Wir und unsere Schule" gemacht. Standards haben etwas Verbindliches, sie verhindern Willkür und Beliebigkeit. Sie bergen allerdings auch eine nicht zu unterschätzende Gefahr: Es kann passieren, dass das ganze Vorhaben schlicht übertrieben wird. Am Ende fühlt sich dann das Ergebnis wie ein Korsett an, in dem es keinen pädagogischen Spielraum mehr gibt und sich alle getrieben fühlen, die Standards zu erfüllen. Standards sind gut, wenn sie

- anschaulich beschreiben, was Schülerinnen und Schüler können sollen,
- zukunftsfähige Kompetenzen beschreiben,
- realistische und anpassungsfähige inhaltliche Schwerpunkte setzen,
- exemplarisches Arbeiten ermöglichen,
- Schülerinnen und Schülern dazu dienen, den eigenen Kompetenzerwerb zu reflektieren,
- Schülerinnen und Schülern dazu dienen, den eigenen Lernfortschritt zu erkennen,
- Dritten dazu dienen, einen Überblick über die inhaltliche Arbeit der Schule zu bekommen,

- Lehrerinnen und Lehrer dabei unterstützen, differenzierten und individualisierten Unterricht zu gestalten.

Standards lassen sich auf unterschiedliche Weise formulieren. Es können einfache Checklisten sein, die sich mit „Ich kann“-Formulierungen im Wesentlichen an den bekannten Operatoren (erläutern, diskutieren, erörtern, ...) entlanghangeln. Sie sorgen insbesondere in Bezug auf prüfungsrelevantes Wissen für Transparenz. Für überfachliche Kompetenzen kann ebenfalls eine Checkliste hilfreich sein. Hier werden individuelle und kooperative Kompetenzen zu Lern- und Arbeitstechniken sowie zum Arbeitsverhalten expliziert. Checklisten sollten so kurz wie möglich und so lang wie nötig sein, damit sie handhabbar bleiben. Für die Reflexion können Schülerinnen und Schüler auf einer zwei- oder vierstufigen Skala einschätzen, wie sicher sie sich bereits fühlen, und entscheiden, wie sie mit dieser Erkenntnis umgehen wollen.

Viele Schulen stellen ihre Standards auch in stark ausdifferenzierten Kompetenzrastern dar und machen damit gute Erfahrungen. Man muss sich jedoch bewusst sein, dass es sehr viel Arbeitszeit bindet, diese Raster zu erstellen. Hinter jedem Rasterkästchen finden sich Aufgaben, die zum Erreichen der beschriebenen Kompetenz führen. Schülerinnen und Schüler können im eigenen Tempo lernen.

Im berufsbildenden Bereich scheint sich eine Mischung zu etablieren. Eine Kompetenz ist klar beschrieben. Sie wird auf unterschiedlichen Niveaustufen trainiert und dafür werden entsprechende Aufgaben konzipiert. Dies scheint ein pragmatischer Ansatz zu sein, der sich besonders für die Standardbeschreibung von beruflicher Handlungskompetenz eignet.

Wie auch immer die Standards letztlich aussehen mögen: Sie gehören auch in die Hände der Schülerinnen und Schüler! Für Lehrerinnen und Lehrer sind gute Standards eine Basis für die Entwicklung von gemeinsamem Lernmaterial. Liegt ausdifferenziertes Lernmaterial vor, ergibt sich im Unterricht selbst mehr Zeit für die einzelnen Schülerinnen und Schüler.

Antrieb

Auf Augenhöhe kommunizieren

Kann ich als Lehrerin oder Lehrer auf Augenhöhe mit meinen Schülerinnen und Schülern sprechen, wenn ich doch der Fachexperte bin und meine Schülerinnen und Schüler noch lange nicht? Wenn sich die Augenhöhe über die Expertise in einem Fachgebiet definiert, dann sicher nicht. Wenn sich die Augenhöhe definiert als eine Wertschätzung, die ich meinem Gegenüber grundsätzlich entgegenbringe, egal wie jung oder alt, wie intelligent, welcher Herkunft er ist und welche Vorlieben, Macken und Ticks er hat, dann ja.

Wir reden von Mensch zu Mensch, unabhängig von unseren jeweiligen Rollen im gemeinsamen Arbeitskontext, immer auf Augenhöhe. „Ich bin o. k. und du bist o. k." ist meine Grundhaltung (Harris, 2002). Sobald ich in der Haltung „Ich bin o. k. und du bist nicht o. k." kommuniziere, geht die Augenhöhe verloren. Ich stelle mich über die Person, bewerte sie negativ, und wahrscheinlich werde ich in der Kommunikation Zuschreibungen benutzen, die diese Haltung illustrieren.

Wenn Schülerinnen und Schüler das Gefühl haben, ihre Lehrerinnen und Lehrer halten sie für nicht o. k., z. B. weil sie sie mehrfach kritisiert und für ihr Verhalten sanktioniert haben, dann ist die Kommunikation nachhaltig gestört. „Ich kann machen was ich will, Herr XY mag mich einfach nicht!", stellen Schülerinnen und Schüler dann frustriert fest. Anschließend haben sie es sehr schwer, sich für den Unterricht von Herrn XY zu motivieren, was dessen Meinung von ihnen wiederum bestätigt.

Es liegt in der Verantwortung von Lehrerinnen und Lehrern, die Kommunikation auf Augenhöhe zu halten. Die Kunst ist es, kritisieren zu können, ohne die Grundhaltung „Ich bin o. k., du bist o. k." aufzugeben. Wie kann Kritik gelingen, ohne dass sich die Betroffenen verurteilt fühlen? Das bedeutet nicht, dass jedes Verhalten toleriert wird. Wenn Ihre Schülerinnen und Schüler verstanden haben, dass Sie sie grundsätzlich wertschätzen, egal wie sie sind und was sie tun, werden sie die Kritik an ihrem Verhalten annehmen können und es entsprechend verändern, ohne die Motivation zu verlieren.

Wir alle haben das Bedürfnis, uns mit all unseren Stärken und Schwächen angenommen zu fühlen und Teil eines Ganzen zu sein. Ausgrenzung ist schwer auszuhalten. Wer konsequent auf Augenhöhe kommuniziert, grenzt nicht aus (Bauer, 2008). Er

nimmt sein Gegenüber ernst und schafft ein Klima, das von Vertrauen und Wertschätzung geprägt ist. Es gibt besonders herausfordernde Situationen, in denen es uns Lehrerinnen und Lehrern nur schwer gelingt, diese Haltung zu bewahren, weil wir Dinge persönlich nehmen oder uns sogar als Person angegriffen fühlen. Dennoch muss uns möglichst immer der Sprung auf die Metaebene gelingen, auf der wir uns klar machen, dass wir diejenigen sind, die die professionelle Kommunikation steuern. Das gehört zu unserer Kompetenz. Die Gewaltfreie Kommunikation bietet Strategien an, den eigenen Ärger zu artikulieren, ohne die Kommunikation auf Augenhöhe zu verlassen (Rosenberg, 2010).

Mit der Ressourcengießkanne Stärken wachsen lassen
Richten Sie den Blick auf die Dinge, die gelingen und sprechen Sie mit Ihren Schülerinnen und Schülern über das Gelingen. Finden Sie Worte für das, was zum Gelingen beiträgt. Machen Sie Ihren Schülerinnen und Schülern bewusst, was sie bereits können. Sie müssen die Chance haben, sich als kompetent zu erleben, sonst fällt es ihnen auf Dauer schwer, motiviert ihr Ziel zu verfolgen. Wir sind davon überzeugt, dass jeder Mensch etwas will und auch jeder etwas kann. Auch wenn sich uns das nicht bei jedem gleich erschließt. Als kompetent kann sich nur erleben, wer genau dort anknüpfen darf, wo bereits etwas gekonnt wird. Und die Anknüpfungspunkte sind bei unseren Schülerinnen und Schülern sehr unterschiedlich. Am Ende muss es darum gehen, dass jeder die Lernanlässe bekommt, die nötig sind, um individuell die nächste Stufe zu erreichen. Das erfordert viel kollegiale Konzeptarbeit, aber um die geht es bei der Ressourcengießkanne nicht.

Trainieren Sie, Ihre Schülerinnen und Schüler mit der Ressourcengießkanne zu duschen. Finden Sie Worte für ihr Können und richten Sie diese direkt an sie. Schülerinnen und Schüler müssen hören,

was sie gut machen, damit sie glauben, was sie können. Das betrifft ganz besonders diejenigen, denen die Erfahrung nicht fremd ist, dass immer die anderen für ihre Leistungen gelobt werden. Beobachten Sie, wie sie arbeiten und finden Sie Ressourcenworte, die dann in die Gießkanne kommen. Dabei kann es auch hilfreich sein, nicht zielführendes Verhalten ressourcenorientiert umzudeuten, damit aus einem nicht adäquaten Lernverhalten nicht die Zuschreibung „schlechte Schülerin" bzw. „schlechter Schüler" wird. Viele Verhaltensweisen und Tätigkeiten halten wir für selbstverständlich und nehmen sie unbewusst einfach als gegeben hin. Auch hier hilft es, sich bewusst zu machen, was gerade ist, den Blick zu erweitern und für den individuellen Lernprozess der Einzelnen zu schärfen.

Ressourcenworte für die Gießkanne können sein: neugierig sein, durchhalten, sich konzentrieren, Beispiele finden, Spaß haben, mit Freude dabei sein, schnell sein, Adleraugen haben, aufmerksam sein, detailgenau arbeiten, sich Überblick verschaffen, strukturiert sein, zuhören können, einprägsam zusammenfassen oder erklären, für ein gutes Klima sorgen, ausgleichend sein, hilfsbereit sein, zuverlässig sein, entspannen können, differenzieren können, zielorientiert arbeiten und vieles andere mehr.

Um sich bewusst zu machen, wo die Ressource in einem inadäquaten Lernverhalten liegt, hilft das Werte- und Entwicklungsquadrat nach Schulz von Thun (1993, S. 56). Neigen wir zum Beispiel dazu, eine Schülerin bzw. einen Schüler als faul wahrzunehmen, würden wir von ihm eigentlich ein wenig mehr Engagement erwarten. Zu viel Engagement würden wir als überzogen wahrnehmen, als übereifrige Strebsamkeit vielleicht, die gleichzeitig andere ausbremst. Da würden wir dann ein wenig mehr Rücksicht und Zurückhaltung erwarten. Des Guten zu viel in der Zurückhaltung könnte wiederum als Faulheit wahrgenommen werden. Damit in einer Klasse gut gelernt werden kann, müssen alle eine Balance zwischen Zurückhaltung und Engagement finden. Die Ressource in der „Faulheit" ist die Fähigkeit, sich zurückhalten zu können. Wird der Schülerin oder dem Schüler stattdessen mit dieser Zuschreibung begegnet, macht das sicher einen Unterschied.

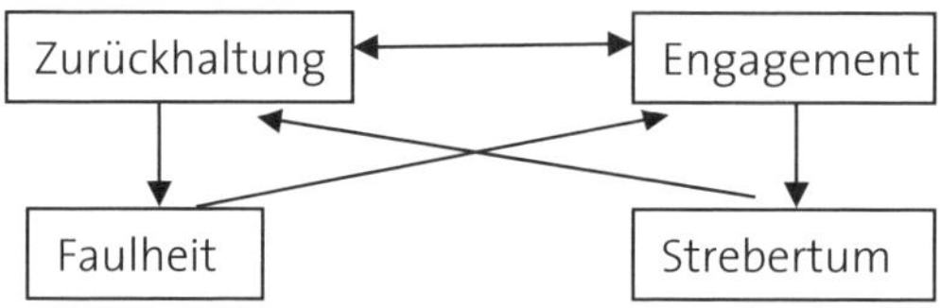

Kooperation

Den Anfang gestalten

„Für den ersten Eindruck gibt es keine zweite Chance.", weiß der Volksmund und das gilt auch und vielleicht besonders in Unterrichtssituationen. „Am ersten Schultag servieren uns die Schülerinnen und Schüler ihren Respekt auf dem Silbertablett. Wir entscheiden, was aus diesem Geschenk wird." (Whitaker, 2009, S. 59).

Damit ist nicht nur der allererste Schultag im Leben gemeint, sondern alle Anfangssituationen, in denen man in eine Klasse kommt. Alle Anwesenden im Raum haben Erwartungen. Alle sind aus einem bestimmten Grund zusammengekommen. Wer hat welche Verantwortung? Wie soll es sein? Was brauchen alle, um gut zu lernen? Welche Vorerfahrungen haben die Schülerinnen und Schüler? Wie wird die bevorstehende gemeinsame Zeit produktiv und gewinnbringend für alle? Die Gedanken unter der Wasseroberfläche, um mit der Metapher des Eisbergs zu arbeiten, wenn alles Sachlogische oberhalb und alles Situationslogische und Emotionale unterhalb zu finden ist, sind nahezu die einzig wichtigen an diesem Tag. Sie gilt es an die Oberfläche zu holen und dafür braucht es Handwerkszeug. Heute wird der Boden bereitet, auf dem künftig ein lernförderliches Klassenklima gedeihen soll. Das Ziel kann kein geringeres sein als Schülerinnen und Schüler, die am Ende des Tages begeistert nach Hause gehen und sich freuen, morgen wiederkommen zu dürfen!

Die Gruppe formiert sich (Muster-Wäbs, 2013). Alle sind neugierig, unsicher, erwartungsvoll und zeigen von sich erstmal nur die beste Seite. Wenn uns wichtig ist, dass auch die Schülerinnen und Schüler Verantwortung für ein gutes Lernklima übernehmen, sollten heute alle die folgenden Erfahrungen machen: „Ich bin wichtig für die Klasse!“, „Ich mag meine Mitschülerinnen und Mitschüler!“, „Meine Meinung ist gefragt!“, „Ich kann mitgestalten!“, „Ich bin gern hier!“, „Ich habe alle kennengelernt und mit allen gesprochen!“, „Ich weiß, was mich erwartet und was von mir erwartet wird!“

Nach unserer Erfahrung sind Tische am ersten Tag eher hinderlich. Wir empfehlen einen Stuhlkreis. So ist man flexibel und jeder kann jeden sehen. Wir planen in der Anfangssituation möglichst viele kurze Wechsel ein. Zeitlich limitierte, inhaltlich überschaubare

Arbeitsphasen in immer wieder neuen, unterschiedlich großen Konstellationen. Das ist gelebte Flexibilität und Beweglichkeit. Lernen die Schülerinnen und Schüler die Vorteile solcher Mobilität gleich am Anfang kennen, werden sie auch weiterhin eher bereit sein, flexibel und beweglich zu sein. Es geht um den Gedankenaustausch zu Erwartungen, Befürchtungen und Wünschen, aber durchaus auch um Vereinbarungen und Regeln. Es wird gemeinsam ein gedankliches Bild von der Idealsituation gemalt, auf das man sich künftig beziehen kann, wenn die Gruppe sich, zum Beispiel nach einer zwangsläufig irgendwann eintretenden Konfliktsituation, wieder neu fokussieren muss.

In Anfangssituationen hat sich die Wahl von Methoden bewährt, bei denen alle zu Wort kommen, aber nicht unbedingt alle vor der ganzen Gruppe sprechen müssen. Die Moderationsmethoden halten da ein breites Spektrum bereit. Wenn die Gedanken aufgeschrieben werden können und die geschriebenen Gedanken anschließend visualisiert werden, sind sie an der Wasseroberfläche und es kann in der Gruppe über sie gesprochen werden. Darüber hinaus ist es natürlich Aufgabe der Lehrerinnen und Lehrer, für inhaltliche Klarheit zu sorgen. Sie müssen ein attraktives Zielbild des angestrebten Kompetenzzuwachses skizzieren, den ihre Schülerinnen und Schüler im Zeitraum X im Themenbereich Y erreichen können. Sie geben den Rahmen vor, in dem gearbeitet wird.

Die Gruppe beweglich halten

Wie sieht Ihr Klassenraum aus? Wie viele verschiedene Arbeitssettings finden Ihre Schülerinnen und Schüler in der Woche vor? Wechseln sie beim Lernen den Ort? Wie oft in der Woche sind sie selbst aktiv tätig? Wissen sie den Wert kooperativer Arbeit zu schätzen? Erfahren sie, dass sie miteinander und voneinander gut lernen können? Wie ist das Verhältnis von Lernen mit Papier und Stift, IT-gestütztem Lernen, Lernen mit vollem Körpereinsatz,

Lernen im Austausch mit anderen und Lernen durch Praxiserkundungen? Wie beweglich sind Sie selbst bei der Auswahl und Präsentation Ihrer Lernangebote? Ist Ihr Unterricht abwechslungsreich und fördert er die körperliche und geistige Beweglichkeit?

Bleiben wir einmal im Klassenraum. Wir haben die Erfahrung gemacht, dass die Flexibilität der Bestuhlung in einer Klasse viel mit der Bereitschaft der Schülerinnen und Schüler zu tun hat, sich körperlich und geistig zu bewegen. Je flexibler die Bestuhlung, desto beweglicher die Schülerinnen und Schüler. Wir haben erlebt, dass diejenigen, die es gewohnt sind, ein ganzes Jahr auf ein und demselben Platz zu sitzen, wenig bereit sind, sich zu bewegen. Selbst dann, wenn sie merken, dass die Sitzordnung kooperatives Arbeiten und Kommunikation eher verhindert.

Ist eine Gruppenarbeit angekündigt, wird dies manchmal mit unwilligem Murren begleitet, weil dafür möglicherweise der Platz gewechselt werden muss. Der Mensch ist ein Gewohnheitstier. Einmal liebgewonnene Gewohnheiten werden ungern aufgegeben. Und so siegt in Sachen Bestuhlung im Klassenraum oft die Bequemlichkeit. Stehen hier zum Beispiel lauter Reihen hintereinander, dann, so wagen wir zu behaupten, wird keine fruchtbare Diskussion möglich sein, weil die meisten nur Hinterköpfe sehen. Unerfreulich dabei ist die Tatsache, dass dieser Effekt zur sich selbst erfüllenden Prophezeiung werden kann und Lehrerinnen und Lehrer von Methodenvielfalt eher absehen, weil die Schülerinnen und Schüler das offenbar nicht mögen und weil viel Zeit verloren geht.

Wir halten es dabei mit dem bekannten Designgrundsatz Louis Sullivans: „Form follows function“. Jede Arbeitsweise hat eine Funktion und die verlangt nach einer passenden Form. Die unterschiedlichen Formen können auch visualisiert werden, damit die

Klasse sofort weiß, welche Bestuhlung gebraucht wird. Einige Lehrerinnen und Lehrer üben mit ihren Klassen sogar eine Art Choreografie des Raumstellens ein und trainieren sie auf Schnelligkeit, dann reicht nur eine kurze Ansage und prompt wissen alle, wo sie anfassen müssen, und im Nu ist der Raum gestellt. Wenn Ihre Schülerinnen und Schüler erleben, dass es Ihnen wichtig ist, mit einer Arbeit erst zu beginnen, wenn die Sitzordnung dafür passend ist, und sie dann noch die Erfahrung machen, dass diese Verfahrensweise zu mehr Eigenaktivität und guten Ergebnissen führt und auch noch abwechslungsreich ist, dann werden Sie in Ihren Klassen eine größere Bereitschaft zur Flexibilität und Beweglichkeit erleben. Der Energieschub dazu muss von der Lehrerin oder vom Lehrer kommen und sollte sehr authentisch und mit viel Elan vertreten werden.

Gruppen einzuteilen ist Aufgabe der Lehrerinnen und Lehrer

Gruppenarbeit findet in der Schule häufig statt. Schülerinnen und Schüler sollen lernen, im Team zusammenzuarbeiten. Gruppenarbeit fördert Austausch, Kooperation, Kreativität, Synergie und Aktivität, sie gehört zum guten Ton in der Pädagogik. Von den Schülerinnen und Schülern wird verlangt, dass sie sich schnell organisieren, zielorientiert arbeiten und zu einem gemeinsamen Ergebnis kommen. Der Umfang von Gruppenarbeiten ist sehr unterschiedlich. Manchmal geht es nur um eine kleine gemeinsame Aufgabe, die in fünfzehn Minuten erledigt ist. Ein Großteil der Gruppenarbeiten findet vermutlich im Rahmen von Einzel- und Doppelstunden statt, in projektorientierten Kontexten erstrecken sie sich zuweilen auch über einen längeren Zeitraum – Tage oder sogar Wochen. Aber wie werden Gruppen gebildet?

Nach dem Zufallsprinzip

Jeder muss grundsätzlich bereit und in der Lage sein, mit jedem zusammenzuarbeiten. Die Ansage: „Bildet bitte Vierergruppen!“

setzt diejenigen unter Druck, die nicht sofort wissen, wo sie sich dazugesellen wollen, und diejenigen, die die Erfahrung gemacht haben, dass sie nicht zu den beliebten Gruppenmitgliedern gehören. Lenken lässt sich dieses Prinzip ein wenig durch den Einsatz eines Losverfahrens. Diese Methoden halten wir für empfehlenswerter, weil so jeder sofort mit einer Gruppenzugehörigkeit ausgestattet ist. Grundsätzlich geeignet ist die Zusammensetzung von Gruppen nach dem Zufallsprinzip in neuen Klassen. Hier kann durch viele, rasch aufeinanderfolgende Gruppenwechsel dafür gesorgt werden, dass die Akzeptanz der Schülerinnen und Schüler, mit ganz verschiedenen Mitschülerinnen und Mitschülern zusammenzuarbeiten, steigt. Man lernt sich kennen.

Schülerinnen und Schüler wählen eine Gruppe

Diese Form der Gruppeneinteilung eignet sich vor allem dann, wenn Schülerinnen und Schüler sich je nach Interesse einem Thema zuordnen sollen. Dies ist in einer arbeitsteiligen Gruppenarbeit mit Themen und Arbeitsschwerpunkten der Fall. Methodisch könnte das so aussehen: Die zu bearbeitenden Themen werden auf einer Pinnwand präsentiert. Alle haben eine mit ihrem Namen beschriftete Karte und hängen sie zum Thema ihrer Wahl. Eine Vorgabe könnte sein, darauf zu achten, dass alle Themen mit möglichst gleich vielen Personen versorgt sind.

Manchmal ist eine längere Gruppenarbeit geplant, die über den Schultag hinaus auch in der Freizeit das Engagement der Schülerinnen und Schüler erfordert. In diesen Fällen ist es sicher hilfreich, wenn die Schülerinnen und Schüler entscheiden können, mit wem sie zusammenarbeiten wollen. Hier geht es dann nach Sympathie und Freundschaft. Sensibilität von Seiten der Lehrerin oder des Lehrers ist gefordert, wenn es in der Klasse Schülerinnen und Schüler gibt, die „außen vor“ sind.

Lehrerinnen und Lehrer teilen Gruppen ein

Je länger Lehrerinnen und Lehrer eine Klasse begleiten und je besser sie ihre Schülerinnen und Schüler kennen, desto mehr gehört es zu ihren Aufgaben, Gruppen nach bestimmten Kriterien zusammenzusetzen. In stark leistungsheterogenen Klassen kann es sinnvoll sein, für eine Gruppenarbeit diejenigen zusammenarbeiten zu lassen, die ein vergleichbares Leistungsniveau haben. In derselben Klasse kann es für eine andere Gruppenarbeit wesentlich sinnvoller sein, die Schülerinnen und Schüler nach ihren individuellen Kompetenzen zusammenzusetzen und möglichst heterogene Teams zu bilden. Jede Gruppe braucht dann zum Beispiel Mitglieder, die besonders kreativ sind, die besonders gewissenhaft sind, die besonders gut schreiben können, die gut recherchieren können und die für gute Stimmung sorgen, unabhängig vom individuellen Leistungsstand. Im Rahmen von individueller Förderung und in heterogenen Lerngruppen halten wir es geradezu für die Pflicht einer Lehrerin oder eines Lehrers, sich vor umfangreicheren Gruppenarbeiten zu überlegen, wer mit wem gut zusammenarbeiten kann. Dazu braucht es den potenzialorientierten Blick auf die Kompetenzen aller und eine klare Analyse der für die jeweilige Aufgabe benötigten Gruppenleistung.

Je besser Lehrerinnen und Lehrer ihre Schülerinnen und Schüler kennen, desto größer ist die Chance, mit einer durchdachten Gruppenbildung das Lernen optimal zu fördern. Es ist nicht selbstverständlich, dass in Gruppen gut gelernt wird. Aber ein verantwortungsvoller Umgang mit der Gruppeneinteilung und die daraus resultierende positive Erfahrung lässt das Vertrauen in diese Form wachsen. Nach unserer Erfahrung schätzen es die Schülerinnen und Schüler, wenn Lehrerinnen und Lehrer einen besonderen Blick dafür haben. Sie fühlen sich gut begleitet, wenn sie wissen, die Lehrerin oder der Lehrer hat sich gewissenhaft überlegt, wer mit wem für diese Aufgabe gut zusammenarbeiten kann.

Lernpartnerschaften bilden

Lernpartnerschaften sind feste Teams aus zwei bis vier Personen. Die Lernpartner sorgen füreinander, nicht nur, wenn ein Lernpartner verhindert und darauf angewiesen ist, dass ihn jemand über den aktuellen Kenntnisstand informiert. Lernpartner lernen miteinander, bereiten Unterrichtsinhalte vor und nach, üben gemeinsam vor Klassenarbeiten, trainieren sich gegenseitig, profitieren von den jeweiligen Stärken der anderen.

Die Lernpartnerschaften sind eine dem Unterricht nebengeordnete Organisationsform. Im Unterricht wird selbstverständlich auch jenseits von Lernpartnerschaften in anderen Gruppen gearbeitet. Lernpartner fühlen sich füreinander verantwortlich. Sie haben gemeinsam das Klassenziel vor Augen und arbeiten daran, dass alle es erreichen können. Die Verbindung ist mindestens auf ein Schulhalbjahr angelegt, vielleicht sogar für länger. Lernpartnerschaften spannen ein Netz innerhalb der Klasse, das Schülerinnen und Schüler in Krisenzeiten auffangen kann. Es stärkt die Kooperationsfähigkeit. Schülerinnen und Schüler erleben, dass sich über die Identifikation mit der Lerngruppe eine unsichtbare Haut um das Team legt, die es schützt und die Verantwortung füreinander stärkt.

Kooperatives Verhalten in der Lerngruppe hat eine sehr hohe Priorität. Die Lehrerinnen und Lehrer erarbeiten mit der Klasse gemeinsam die Aufgaben, die Lernpartner übernehmen sollen. Die Arbeit in der Lerngruppe passiert weitgehend selbstorganisiert. Darauf kann hingearbeitet werden. Zunächst brauchen Lernpartnerschaften Zeiten während des Unterrichts. Je mehr die Schülerinnen und Schüler die Erfahrung machen, durch ihre Lerngruppe erfolgreich zu sein, desto mehr kann die Lerngruppenarbeit in die Selbstorganisation entlassen werden. Es ist sinnvoll, den Erfolg

der Lerngruppenarbeit durch regelmäßige Rückkopplungsgespräche und individuelle Vereinbarungen zu sichern.

Ist das eine utopische Idealvorstellung? Keineswegs. Wenn sich den Schülerinnen und Schülern der Sinn erschließt und die Lehrerinnen und Lehrer davon überzeugt sind, dass diese zusätzliche Organisationsform das Lernen in der Klasse fördert, dann funktioniert es. Mit Sicherheit.

Lernen

Exemplarisch lernen

Junge Menschen brauchen eine solide Ausstattung an Kompetenzen, wenn sie sich auf den Weg ins Berufsleben machen, sei es über eine Ausbildung oder über ein Studium. Sie müssen sich in einer unübersichtlichen, komplexen Welt zurechtfinden und sich zielgerichtet und selbstbestimmt weiterentwickeln. Sie werden ein Leben lang lernen. Dabei müssen sie viel mehr ausblenden als aufnehmen, weil die schier unerschöpfliche Menge an Informationen und vorhandenem Wissen von keiner Einzelperson mehr zu

erfassen ist. Sie brauchen die Kompetenz, sich situativ die Inhalte anzueignen, die sie benötigen, und auch die Dinge zu verlernen, die sie nicht mehr benötigen. Dazu müssen sie entscheiden können, was im Moment für sie wichtig und was eher unwichtig ist, welche Quellen sie nutzen wollen und welche nicht. Sie brauchen eine gute Portion Leistungszuversicht sowie viel Geduld und Durchhaltevermögen. Sie brauchen die Fähigkeit, sich zu vernetzen und mit anderen zusammenzuarbeiten genauso wie die, Unsicherheit auszuhalten. Sie müssen sich und ihre Arbeit organisieren können und entscheiden, was dringend ist und was warten kann. Sie müssen all diese Entscheidungen treffen können, ohne die Sicherheit zu haben, dass es die richtigen Entscheidungen sind. Die Summe an positiven Erfahrungen macht sie stark.

Die Schule ist auch für wichtige Selbstwirksamkeitserfahrungen in diesen Kompetenzbereichen zuständig. Dazu muss es neben einem systematischen Aufbau von Basiswissen immer auch exemplarische Lernsituationen in komplexen Handlungszusammenhängen geben, in denen es auf Kreativität, Forschungs- und Entdeckergeist ankommt und vorhandenes Wissen mit Neuem verknüpft wird. Ein handlungssystematisches Vorgehen strukturiert solche exemplarischen Lernsituationen, es folgt der inneren Logik der vollständigen Handlung. Gemeinsam wird ein Ziel formuliert, es schließt sich eine Informations- und Planungsphase an, Entscheidungen werden getroffen, darauf folgt eine Durchführungsphase. Eine Auswertungs- und Reflexionsphase machen den Handlungszyklus rund. Schon Kinder sind zu komplexen Leistungen fähig und kommen zu überraschenden neuen Erkenntnissen.

Exemplarisches Lernen stellt die Interessen und Bedürfnisse der aktuellen Lerngruppe in den Mittelpunkt. Die Schülerinnen und Schüler entscheiden mit, zu welchen Fragestellungen sie vertieft

arbeiten wollen. Damit ist eine Lernsituation nicht unbedingt in allen Klassen wiederholbar. Die nächste Lerngruppe mag vielleicht ganz andere Schwerpunkte setzen. Es besteht eine große Chance, dass sich die Schülerinnen und Schüler über das Lernen in komplexen Handlungssituationen die oben beschriebenen Kompetenzen aneignen. Sukzessive werden sie ein immer größeres Repertoire an Strategien entwickeln, das ihnen in unübersichtlichen Situationen hilft, einen kühlen Kopf zu bewahren und die anstehenden Probleme zu lösen. Immer mehr vertrauen sie dann ihrer eigenen Lösungskompetenz.

Welche Probleme sie einmal in der Zukunft zu lösen haben, können wir heute noch gar nicht antizipieren. Aber das Handwerkszeug, das sie brauchen, um sich von komplexen und unübersichtlichen Situationen nicht abschrecken zu lassen, das können wir ihnen schon heute mit auf den Weg geben. Welche Möglichkeiten sehen Sie in Ihrem Unterricht für exemplarisches Lernen? Wo sehen Sie Spielraum für inhaltliches Entrümpeln? Können Sie sich mit Kollegen vernetzen und gemeinsame Angebote machen? Prüfen Sie die Lage – es geht mehr als wir manchmal denken. Wir wünschen viel Vergnügen dabei zu beobachten, wie die Schülerinnen und Schüler über sich hinauswachsen!

Das eigene Lernen „von oben" betrachten

Über das eigene Lernen nachzudenken, ist gar nicht so selbstverständlich. Es muss bewusst zum Thema gemacht werden. Metakognitive Kompetenzen lassen sich durch Kontroll- und Regulierungsmöglichkeiten trainieren, die den Schülerinnen und Schülern an die Hand gegeben werden und die sie für das eigene Lernen sensibilisieren.

Sie lernen, mehr von dem zu tun, was erfolgreich ist. Metakognition lässt sich sehr gut in ritualisierten Reflexionen üben. Es bedeutet

nichts anderes, als regelhaft die Ebene des aktiven Handelns gedanklich zu verlassen und von einer Metaebene aus darauf zu schauen. Ein günstiger Zeitpunkt ist das Ende einer Lerneinheit. Fragen wie diese: „Wie bin ich vorgegangen?“, „Habe ich mein Ziel erreicht?“, „Wie konzentriert war ich?“, „Was habe ich heute anders gemacht als sonst?“, „Was ist mir heute gut gelungen?“ führen auf die Spur des eigenen Lernens und sie helfen, selbst Verantwortung dafür zu übernehmen. So bleibt das Lernen nicht dem Zufall überlassen, sondern wird sukzessive zu einer professionellen Arbeitstechnik. Erfolgreiches Handeln wird als solches erkannt und aktiv in das Repertoire der sinnvollen Handlungsstrategien aufgenommen. Nicht erfolgreiche Strategien werden hinterfragt. Woran mag es gelegen haben, dass eine Strategie nicht zum Erfolg geführt hat? Wie kann bei einer ähnlichen Aufgabenstellung anders vorgegangen werden?

Lernen hat dann eine Chance, nachhaltig zu sein, wenn ein aktiver Aneignungsprozess stattgefunden hat. Dieser ist nicht immer sofort effektiv und effizient organisiert. Eine von den Lehrerinnen und Lehrern initiierte Reflexion über den eigenen Lernprozess ist eine Intervention, die hilft, sich einen unbewussten Lernprozess bewusst zu machen und ihn ständig zu verbessern.

Unterricht

Sie sind eine Führungskraft! Management und Leadership im Klassenraum

Workshops zum „Classroom-Management" erfreuen sich derzeit in der Lehrerfortbildung großer Beliebtheit. Ist ein gefühltes Chaos im Klassenzimmer vielleicht ein Grund, sich mit dem Thema zu beschäftigen? In Beobachtungsbögen für den Unterricht geht es zum Beispiel um die effektive Ausnutzung der Lernzeit und ein präsentes und wirksames Regelsystem, darum, ob der Führungsanspruch der Lehrkraft akzeptiert und ob mit Störungen souverän, am besten präventiv umgegangen wird.

Woran erkennen Ihre Schülerinnen und Schüler Ihren Führungsanspruch? Haben Sie ihn jemals ihnen gegenüber artikuliert? Ist das überhaupt notwendig? Werden Sie von Ihren Schülerinnen und Schülern als Autorität akzeptiert? Ist Ihnen selbst Ihre Führungsrolle in der Klasse bewusst? Verstehen Sie sich als Führungskraft? Mit Ihrem Lehrergehalt hätten Sie in der freien Wirtschaft mit großer Wahrscheinlichkeit einen Beruf mit Personalverantwortung und eine beachtliche Entscheidungskompetenz im Unternehmen. Nun sind Ihre Schülerinnen und Schüler nicht Ihre Mitarbeiterinnen und Mitarbeiter, die Schule hat einen Bildungs- und Erziehungsauftrag und zielt nicht auf Gewinnmaximierung – könnten Sie zu Recht einwenden. Dennoch kommen wir nicht umhin festzustellen, dass wir Lehrerinnen und Lehrer jede Menge Entscheidungen zu treffen haben. Wir gestalten den Rahmen, in dem Menschen lernen und sich weiterentwickeln sollen. Was unterscheidet uns da von einer Führungskraft? Mit Blick auf das Konzept des Classroom-Managements nicht viel.

Unser Beruf hat eher eine noch höhere Komplexität als manch ein Managementjob in der Wirtschaft, wagen wir zu behaupten, zum Beispiel, weil wir mit unserer Beurteilung auch Lebenschancen zuteilen. In der Leadership-Funktion geht es darum, die richtigen Dinge zu tun, und in der Management-Funktion darum, die Dinge richtig zu tun.

Was wir im Klassenraum nicht brauchen, sind autoritäre Persönlichkeiten. Autoritäres Verhalten behindert effektives Lernen eher und fordert aggressives Schülerverhalten heraus. Was dagegen äußerst hilfreich ist, ist Akzeptanz auf der Basis persönlicher und fachlicher Autorität. Lehrerinnen und Lehrer, die diese persönliche Autorität haben, brauchen gar nicht viel zu sagen, es reicht oft schon ein Blick und die Schülerinnen und Schüler wissen, was zu tun ist. Auch Konsequenz und Gerechtigkeit spielen eine Rolle. Der intensive und wertschätzende Kontakt ist für Außenstehende spürbar. Er entsteht durch Respekt, Verbindlichkeit, Empathie und authentisches Vorbildverhalten. Diese Lehrerinnen und Lehrer teilen die Verantwortung und beteiligen ihre Schülerinnen und Schüler auch an Entscheidungen, die für die Klasse wichtig sind. Sie kommunizieren auf Augenhöhe. In diesem Klima sind Schülerinnen und Schüler zu Höchstleistungen fähig. Darin unterscheiden sich

Lehrerinnen und Lehrer nicht von anderen Führungskräften. Es geht um die gleichen Dinge. Professionalisieren können Sie sich darin, indem Sie intensiv mit den vorliegenden Karten arbeiten.

Inhalts- und Schülerorientierung ausbalancieren

Angenommen, der curriculare Standard einer Schule sieht einen Kompetenzerwerb rund um die heimischen Obst- und Gemüsesorten vor. Eine Lehrerin antwortet auf die Frage eines Kollegen, ob sie nicht auch Lust habe, mit ihrer Klasse einen Ausflug auf den Wochenmarkt zu machen, mit den Worten: „Dazu habe ich keine Zeit. Ich muss meinen Stoff durchbekommen." Stimmt. In der Schule wird ja bekanntlich Stoff durchgenommen. In einigen Schulen wird dieser Stoff sogar in sogenannten Stoffverteilungsplänen genauestens, meistens fachsystematisch, beschrieben. Machen Sie sich bitte die Absurdität dieser Wortwahl bewusst. Welche Kompetenzen mögen die Schülerinnen und Schüler aufgebaut haben, wenn die Lehrerinnen und Lehrer ihren Stoff „durchbekommen" haben? Wir unterstellen, dass es mit dem nachhaltigen Kompetenzerwerb nicht allzu weit her sein kann, wenn Schülerinnen und Schüler das Thema rein theoretisch bearbeiten sollen und Erfahrungslernen auf der Strecke bleibt, weil dafür angeblich keine Zeit mehr ist. Dann ist die angestrebte Balance in eine Schieflage zugunsten der Inhalts- und zu Lasten der Schülerorientierung geraten. Wie ist es bei Ihnen? Siegt im Zweifel die Inhalts- oder die Schülerorientierung? Wofür fühlen Sie sich unter Zeitdruck verantwortlich? Den Stoff durchzubringen oder die Schülerinnen und Schüler zu erreichen?

Wir möchten dazu einladen, im Zweifel ganz klar und mutig Position zugunsten der Schülerorientierung zu beziehen. Die Qualität des Lernprozesses macht den Unterschied. Exemplarisch in die Tiefe eines Themengebietes einzutauchen, mit allen Sinnen und unterschiedlichen Zugängen zu lernen sowie einen hohen Grad an

Eigenaktivität und selbst getroffenen Entscheidungen zu erleben, ermöglicht nachhaltigen Kompetenzerwerb. Die so erworbene Methodenkompetenz erlaubt es auch, das eine oder andere nicht im Klassenverband bearbeitete Thema selbstorganisiert zu bearbeiten.

Rückmeldungen

Schülerinnen und Schüler beurteilen Gruppenarbeit
Eine gut angeleitete und begleitete Gruppenarbeit fördert kooperatives Verhalten und lässt die Schülerinnen und Schüler von Synergien profitieren. Sie machen die Erfahrung, dass Arbeiten in der Gruppe sehr fruchtbar und erfüllend sein kann. In der Regel werden die Handlungsprodukte aus umfangreichen Gruppenarbeiten präsentiert und bewertet. Im besten Fall kennen die Schülerinnen und Schüler die Bewertungskriterien für Präsentation und Ausarbeitung vorher bereits genau, weil sie sie selbst gemeinsam mit der Lehrerin bzw. dem Lehrer erarbeitet haben. Im zweitbesten Fall werden bestehende Bewertungskriterien bekannt gegeben,

sodass die eigenen Handlungsprodukte kriteriengeleitet eingeschätzt werden können.

Insbesondere nach einer Gruppenarbeit ist ein Blick auf den Arbeitsprozess wichtig. Dieser kann qualitativ reflektiert werden und das Ergebnis auf die hier beschriebene Weise in die Gesamtbeurteilung einfließen. Grundsätzlich stecken für uns in der qualitativen Reflexion wesentlich mehr Möglichkeiten für Erkenntnisgewinn als in der quantitativen Beurteilung einer Leistung. Dennoch ist die Beurteilung nach Noten ein fester Bestandteil unseres Schulsystems, der so schnell nicht verschwinden wird. Wenn eine Gruppe von Schülerinnen und Schülern von der Lehrerin oder dem Lehrer eine Note für ein Gruppenarbeitsergebnis bekommt, wird diese häufig dann als ungerecht empfunden, wenn es in der Gruppe eine ungleiche Arbeitsverteilung gab. Das geht sogar manchmal so weit, dass Schülerinnen und Schüler Gruppenarbeiten grundsätzlich abzulehnen beginnen, weil sie sich in ihren individuellen Leistungspotenzialen ausgebremst fühlen. In einer gut begleiteten Gruppenarbeit kann bereits während des Arbeitsprozesses unterstützend interveniert werden, wenn es zu Unzufriedenheit im Team kommt. Dennoch kann eine Lehrerin oder ein Lehrer nicht bis ins Letzte wahrnehmen, was sich in einer Gruppe abspielt, und wie das Ergebnis im Detail zustande gekommen ist.

Werden Schülerinnen und Schüler in die abschließende Bewertung der Gruppenarbeit einbezogen, können Sie im Gruppendiskurs klären, wer welchen Anteil an der produktiven Arbeit hatte und welche Note dafür gerecht ist. Das trägt dazu bei, den Schülerinnen und Schülern auf Augenhöhe zu begegnen und sie in ihrer Urteilsfähigkeit ernst zu nehmen. Darüber hinaus verringert dieses Vorgehen spürbar das Gefühl des „Ausgeliefertseins", wenn es in einer Gruppe nicht so gut geklappt hat. Der wichtigste Lernanlass ist unseres Erachtens jedoch, dass sich die Schülerinnen und Schüler mit dem Ergebnis und ihrem Anteil daran auseinandersetzen und dass sie lernen, Verantwortung für ihr Handeln zu übernehmen. Sie trainieren ihre Kritik- und Konfliktfähigkeit, wenn es in der Gruppe etwas auszufechten gibt. Gleichzeitig lernen sie, Verantwortung füreinander zu übernehmen, wenn es darum geht, jemanden zu stützen und solidarisch zu handeln.

So kann das Ganze in der Praxis aussehen: Eine Gruppe erzielt für eine Präsentationsleistung eine Zwei und bekommt dafür auf der Basis der bekannten Kriterien von der Lehrerin oder dem Lehrer 11 Punkte. Sind in der Gruppenarbeit vier Schülerinnen und Schüler beteiligt gewesen, erhält die Gruppe 4 x 11, also 44 Punkte. Die Gruppe setzt sich nun zusammen und entscheidet, wie mit diesen Punkten verfahren werden soll. Die Gruppe hat die Möglichkeit, herausragende Leistungen mit mehr Punkten und weniger gute mit weniger Punkten zu honorieren. Mit der Chance, hier eigenverantwortlich ein Feintuning in der Bewertung vorzunehmen, gehen die Schülerinnen und Schüler nach unserer Erfahrung sehr verantwortlich um. Sie fühlen sich ernst genommen und in ihrer Wahrnehmung wertgeschätzt. Auch wenn sich die meisten Gruppen für eine gleiche Verteilung entscheiden, lohnt sich diese wenig zeitaufwendige Methode, weil die Schülerinnen und Schüler lernen, Verantwortung zu übernehmen.

Intersubjektive Beurteilung der laufenden Mitarbeit

Mitarbeit im Unterricht wird traditionell mit der sogenannten mündlichen Note beurteilt. Im Normalfall beurteilen Lehrerinnen und Lehrer ihre Schülerinnen und Schüler. Sie haben dabei unterschiedliche Bewertungsmethoden. Einige machen sich nach jeder Stunde kurz Notizen zu jeder einzelnen Schülerin und jedem einzelnen Schüler oder zu denjenigen, die ihnen besonders positiv oder negativ aufgefallen sind. Einige codieren ihre Eindrücke durch individuelle Kürzel oder Symbole. Spezielle Apps für Lehrerinnen und Lehrer auf Smartphone oder Tablet laden geradezu dazu ein, so zu verfahren. Andere generieren lieber über einen längeren Zeitraum ein holistisches Bild und kommen so zu einer Beurteilung der Mitarbeit, man könnte meinen: aus dem Bauch heraus. Beide Formen der Beurteilung sind subjektiv. Sie spiegeln den Eindruck, den die Lehrerinnen und Lehrer von ihren Schülerinnen und Schülern haben. Nun könnte man konstatieren, dass doch genau das auch zu ihren Aufgaben gehört. Wo ist das Problem? Viele Schülerinnen und Schüler, besonders die ehrgeizigen, versuchen, möglicherweise unbewusst, herauszufinden, welches Verhalten die Lehrerinnen und Lehrer gut finden und honorieren und welches nicht. Entsprechend wird das eigene Verhalten angepasst. So weit, so gut. Aber reicht das?

Wir möchten unseren Schülerinnen und Schülern ermöglichen, selbst Verantwortung für ihr Lernen zu übernehmen. Wir möchten sie dabei begleiten, ihre Persönlichkeit zu entfalten und sich weiterzuentwickeln. Das passiert im Unterricht in Interaktionen zwischen Lernenden und Lehrenden, zwischen Lernenden, in Kleingruppen und in der gesamten Klasse. Alle Beteiligten sind verantwortlich dafür, dass Lernen gelingt. Dabei ist eine gute Klassenführung hilfreich und notwendig. Das Ziel der Klassenführung muss die Kommunikation auf Augenhöhe sein. Mit Augenhöhe meinen wir, dass sowohl die Selbstwahrnehmung als auch die Fremdwahrnehmung der Schülerinnen und Schüler untereinander zu einer aussagekräftigen Beurteilung der Mitarbeit gehören. Eine Möglichkeit dazu stellen wir hier vor.

Beurteilt wird die Mitarbeit im Unterricht auf der Grundlage gemeinsam vereinbarter Kriterien. Diese können sich aus den Klassenregeln ableiten sowie aus Kriterien, die den Lehrerinnen und Lehrern wichtig sind, und solchen, die den Schülerinnen und Schülern wichtig sind. Diese Kriterien sollten die Bereiche Fach-,

Methoden-, Personal- und Sozialkompetenz umfassen und in ihrer Formulierung dem Entwicklungsstand der Schülerinnen und Schüler angepasst sein. Jede Schülerin und jeder Schüler erhält nun einen Beurteilungsbogen zur Selbsteinschätzung. Die Lehrerinnen und Lehrer füllen den gleichen Bogen für alle aus. Darüber hinaus erhalten sie einen Beurteilungsbogen mit einer Liste aller Schülerinnen und Schüler der Klasse. Jeder trägt für alle zu jedem Kriterium intuitiv eine Zahl zwischen 1 (kaum vorhanden) bis 10 (großartig, brillant) ein. Aus der Summe der intuitiven Zuschreibungen erhalten alle eine individuelle Rückmeldung, die ihnen einen Eindruck davon vermittelt, wie ihre Mitarbeit wahrgenommen wird. Diese drei Ergebnisse sind Ausgangspunkt für das individuelle Gespräch zwischen Schülerinnen und Schülern und Lehrerinnen und Lehrern vor den Zeugniskonferenzen. Sie bieten Gelegenheit, sich gemeinsam über Erfolge zu freuen und Entwicklungsfelder zu benennen. Die zusätzliche Arbeit für die Lehrerinnen und Lehrer besteht darin, die Fremdwahrnehmungen für jeden Einzelnen aufzubereiten. Der Aufwand hält sich in Grenzen und der Ertrag ist enorm. Die Schülerinnen und Schüler fühlen sich mit ihrer Wahrnehmung ernst genommen, vor allem dann, wenn sie sehen, dass ihre Einschätzung für die endgültige Beurteilung der Mitarbeit genauso wertvoll ist wie die Einschätzung der Lehrerin bzw. des Lehrers. Wir sind davon überzeugt, dass die meisten Schülerinnen und Schüler dieses ihnen entgegengebrachte Vertrauen als Wertschätzung ihrer Person und Urteilsfähigkeit empfinden. So kann die intersubjektive Beurteilung der Mitarbeit im Unterricht einen positiven Beitrag zur Lernkultur in der Klasse leisten. Gleichzeitig ist es ein Instrument, das es den Lehrerinnen und Lehrern ermöglicht, die eigene subjektive Wahrnehmung dem Korrektiv der Schülerwahrnehmung auszusetzen. Der intersubjektive Blick auf die Leistungen der Beteiligten, die Mehrperspektivität, vergrößert die Wahrscheinlichkeit, in der Benotung Wahrheit abzubilden.

In einem von Vertrauen geprägten Klassenklima ist diese Methode sehr empfehlenswert. Die Schülerinnen und Schüler sollten gewohnt sein, kooperativ zu arbeiten und es sollte eine gute Klassengemeinschaft herrschen. In Klassen, deren Klima sehr von Konkurrenz geprägt ist, in der es möglicherweise Mobbing-Opfer gibt oder sehr dominante Schülerinnen und Schüler, die andere unter Druck setzen können, ist es Aufgabe des Lehrerteams, zunächst einmal an diesen Themen zu arbeiten.

Rahmenbedingungen

Die Starre im System von innen in Bewegung bringen
Die Starre im System sind die Grenzen, die wir spüren, wenn ein erheblicher Teil unserer Schülerinnen und Schüler im Regelunterricht keine oder nur geringe Lernfortschritte macht oder wenn der Unterricht sogar komplett an ihnen vorbeizulaufen scheint. Es ist müßig, sich über sie zu ärgern, und es ist erst recht müßig, sich andere Schülerinnen und Schüler zu wünschen. Solange uns der Gesetzgeber keine Schülerinnen und Schüler liefert, die zu den

Vorgaben passen, sind wir gezwungen, die Vorgaben an die Schülerinnen und Schüler anzupassen. Sie sind, wie sie sind.

Dem Lernen können einerseits durch starre Organisationsstrukturen Grenzen gesetzt werden, wie zum Beispiel Unterricht im 45-Minuten-Takt oder einen Stundenplan mit ständigem Fächerwechsel ohne inneren Zusammenhang. Andererseits wird Lernen auch dadurch behindert, dass die vorgeschriebenen Inhalte nicht zu unseren Schülerinnen und Schülern passen. Wenn alle jetzt so weitermachen wie bisher, wird sich nichts ändern, und wir verweigern unseren Schülerinnen und Schülern gleichzeitig Lern- und Lebenschancen. Ständiges Scheitern nimmt ihnen die Chance auf gesellschaftliche Teilhabe. Wenn Sie das Gefühl haben, in einem solchen Hamsterrad zu laufen, gibt es nur eine Möglichkeit: STOP! Ohne Rücksicht auf die curricularen Vorgaben sind jetzt erst einmal ganz andere Dinge wichtig. Blicken Sie von außen auf Ihre Klasse und starten Sie noch einmal neu. Vielleicht gewinnen Sie auch andere für Ihr Vorhaben. Wenn Sie Ihr Problem offen artikulieren, werden Sie feststellen, dass es anderen genauso geht. Im Team findet man leichter den Mut, unpassende Strukturen so lange außer Kraft zu setzen, bis Lernen in der Gruppe überhaupt möglich wird. Die Zeit ist schnell aufgeholt, wenn die Gruppe erst einmal arbeitsfähig ist.

Was brauchen Ihre Schülerinnen und Schüler jetzt am dringendsten? Ist es Zielarbeit? Sind es Lern- und Arbeitsstrategien? Sind es andere Inhalte? Wie stellen Sie Kontakt zu denjenigen her, die nicht mehr im Boot sind? Woran hätten Ihre Schülerinnen und Schüler Freude? Wie können Sie Neugier wecken? Wie können Sie Lust auf Lernen wecken? Wie wird aus der Klasse eine arbeitsfähige Gruppe? Wechseln Sie den Ort, um mit Ihren Schülerinnen und Schülern daran zu arbeiten. Erleben Sie gemeinsam etwas Schönes! Binden Sie gegebenenfalls externe Trainer ein. Fordern Sie Raum

zum Experimentieren. Grenzen lassen sich von innen heraus erweitern. Dehnen Sie Ihre Grenzen aus. Der Mut dazu macht Veränderungen möglich. In einer Zeit, in der wir in unserem System Schule häufig am Status quo verzweifeln, brauchen wir sehr dringend den Mut zur „Arbeit am System" und die Bereitschaft, die gewohnte Arbeit im System einmal ruhen zu lassen. Und es ist gut, wenn der Impuls dazu aus der Praxis kommt, von denjenigen, die täglich mit den Schülerinnen und Schülern arbeiten. Ohne Abweichung von der Norm gibt es keinen Fortschritt. Die Fähigkeit zum *Thinking out of the box* haben alle Leuchtturmschulen gemeinsam (Schratz, 2012). Also, nur Mut!

Die Steuerungsillusion loslassen und der Selbstorganisation eine Chance geben

Wie sieht eine Unterrichtsorganisation aus, die den Lernbedürfnissen unserer unterschiedlichen Schülerinnen und Schüler gerecht wird? Diese Frage müssen wir Lehrerinnen und Lehrer uns stellen, wenn wir nicht einfach einen Unterrichtsinhalt durchnehmen, sondern Lernen ermöglichen wollen. Es macht einen Unterschied, ob Schülerinnen und Schüler sich ein Thema aneignen oder ob sie ein Thema vermittelt bekommen und vorgegebene Aufgaben zu erledigen haben. Die weit verbreitete Organisation von Schule und Unterricht ist genau so angelegt. Es gibt ein Curriculum, das abzuarbeiten ist. Lehrerinnen und Lehrer denken sich mit viel Engagement einen Unterricht dazu aus, in dem in vorgegebener Zeit und vorgegebenem Tempo Inhalte aus dem Curriculum bearbeitet werden.

Glück haben die „braven" Schülerinnen und Schüler, die sich auf die Lehrerin bzw. den Lehrer einstellen können und tun, was verlangt wird. Es herrscht Ruhe und Ordnung im Klassenraum, wenn Lehrerinnen und Lehrer die Klasse im Griff haben. Dann verhalten sich diejenigen, die eigentlich schon viel weiter sein könnten,

ebenso still wie diejenigen, die eigentlich noch viel mehr Unterstützung gebraucht hätten. Die Arbeit ist erledigt, wenn der Zettel ausgefüllt ist, egal wie. Für die Klassenarbeit wird im Zweifel auswendig gelernt, was auf dem Zettel steht – und dann kann es wieder vergessen werden. Die Schülerinnen und Schüler laufen im Erledigungsmodus und sie spielen das Spiel mit, wenn sie gute Noten haben wollen. So kann Schule sein.

Haben Lehrerinnen und Lehrer ihre Klasse nicht im Griff, dann hat das brave Drittel das Nachsehen. Alle anderen rebellieren. Sie machen auf unterschiedlichste Weise deutlich, dass sie so nicht arbeiten wollen bzw. können. Lehrerinnen und Lehrer deuten dieses Verhalten dann als Aufmüpfigkeit oder Motivationslosigkeit. Im schlimmsten Fall werden die Schülerinnen und Schüler aggressiv oder es wird ihnen ADHS bescheinigt. Diese Schilderung mag überspitzt und ein wenig plakativ sein – und dennoch steckt ein wahrer Kern darin. Im Erledigungsmodus lassen sich Schülerinnen und Schüler mehr oder weniger fremdsteuern.

„Command and Control" funktioniert im Aneignungsmodus nicht. Hier sind wir gefordert, Selbststeuerung zu ermöglichen. Das gelingt nur, wenn ein Rahmen geschaffen wird, in dem die Schülerinnen und Schüler mitentscheiden, welche inhaltlichen Schwerpunkte sie setzen wollen. Das können sie dann verantwortlich tun, wenn sie das Ziel kennen und sich ihnen darüber auch erschließt, warum sie an etwas arbeiten sollen.

Lehrerinnen und Lehrer brauchen Führungskompetenz, wenn sie die Selbststeuerung ihrer Schülerinnen und Schüler fördern wollen. In einem von Vertrauen, Wertschätzung und Erfolgszuversicht geprägten Klima beginnen die Schülerinnen und Schüler, selbstständig zu arbeiten, und übernehmen Verantwortung für ihr Lernen. Fördern können Sie diesen Prozess, indem Sie sowohl

Rituale der Metakommunikation als auch eine Feedback-Kultur in der Klasse etablieren.

Wir möchten Sie ausdrücklich ermutigen, den Raum zu öffnen. Lassen Sie Ihre Schülerinnen und Schüler in einem sicheren Rahmen ihren eigenen Weg finden und begleiten Sie sie intensiv dabei. Hören Sie Ihre Schülerinnen und Schüler in der Pause unzufrieden sagen: „Wir mussten schon wieder machen, was wir wollen.“, dann ist etwas schiefgelaufen. Dann ist ihnen der Sinn der Arbeit nicht klar und sie fühlen sich verloren. Die Kontextsteuerung ist eine anspruchsvolle Aufgabe und alles andere als beliebig. Gelingt sie, werden Sie mit zufriedenen Schülerinnen und Schülern belohnt, die interessiert und neugierig relevante Themen bearbeiten und individuelle Lernerfolge haben. Sie brauchen die Flexibilität, sich währenddessen auf unterschiedlichste Fragestellungen und Unterstützungsanforderungen einzustellen. Ihre Rolle bekommt auch eine gewisse Dienstleistungsorientierung. In manchen Stunden wird Ihre Hilfe gar nicht gebraucht werden, dann können Sie trainieren, die Lernstrategien und Aneignungsweisen Ihrer Schülerinnen und Schüler zu verstehen, indem Sie einfach beobachten. Wir wünschen viel Freude dabei!

Gesundheit

Situationen gemeinsam reflektieren und daran wachsen

Gemeinsame Arbeitszeit verbringen Lehrerinnen und Lehrer außerhalb ihres Unterrichts und abgesehen von den Pausen in unterschiedlichsten Konferenzen und Teamsitzungen. Darüber hinaus engagieren sie sich in Arbeitsgruppen rund um aktuelle Schulentwicklungsthemen. Da gibt es zum Beispiel die Gruppen zum Qualitätsmanagement, zur Gestaltung eines Ganztagsangebotes, den Gesundheitszirkel, die Arbeitsgruppe zu Fragen der Sprachbildung und manch anderes mehr. Dieses Engagement wird in der Regel erwartet. Das Ergebnis dieser temporär und projektartig organisierten Gruppen sind meist Konzepte, die in Rückkopplungsschleifen mit dem Kollegium entstehen und schließlich auf einer Gesamtkonferenz als neuer Standard der Schule verabschiedet und dann wirksam werden – oder auch nicht. Nach einer gewissen Zeit evaluiert man und bessert nach oder das Thema versandet. Kennen Sie das?

Viele Schulen haben in den letzten Jahren in Sachen Projektmanagement dazugelernt, dennoch bezweifeln Lehrerinnen und Lehrer durchaus, dass die investierte Zeit effektiv und effizient genutzt wurde. Viele erleben die Zeit, die sie in Konferenzen und Arbeitsgruppen verbringen, oft als zusätzliche Belastung. Das ist Zeit, die ihnen für die Vor- und Nachbereitung ihres Unterrichts verloren geht. Und dann wird es langsam eng, weil sie ihn immer noch sehr häufig allein planen und gestalten. Wenn die in Konferenzen verbrachte Zeit nicht kurzfristig für den eigenen Unterricht wirksam wird, dann bleibt Lehrerinnen und Lehrern nichts anderes übrig, als für die Unterrichtsplanung auf den gepflasterten Wegen zu bleiben. Experimentieren und lange nachdenken kann man dann nicht mehr. Keine Zeit. Wir gehen auf Nummer sicher und ziehen aus der Tasche, was sich bewährt hat, oder machen die schnelle 08/15-Planung. Das ist aber nicht sehr zielführend, wenn sich das System weiterentwickeln will.

Wenn Schule sich verändern und zukunftsfähig werden soll, brauchen wir die Experimentierfreude der Lehrerinnen und Lehrer im Unterricht. Dafür benötigen sie Zeit, Muße und Rückenstärkung. Letztere können kollegiale Beratungen liefern, in denen Gruppen von fünf bis acht Personen über die aktuellen Vorhaben und Situationen in ihren Klassen sprechen und von der Mehrperspektivität der Runde profitieren. Vera und Wilfried Schley legen mit ihrem Handbuch „Kollegiales Teamcoaching!“ (2010) eine geniale Methode vor, die die individuelle Innovationslust beflügelt und die Sicherheit in unsicheren Situationen stärkt. In einem zeitlich straff organisierten Setting mit klaren Rollen bearbeitet die Gruppe (Ein Fallgeber und x Coaches) innerhalb einer guten Stunde einen Fall. Das Ziel ist dabei immer, die eigene Professionalisierung durch Mehrperspektivität zu ergänzen. Dabei geht es nicht um eine Bewertung der eigenen Situation durch die anderen, sondern vor allem um die Resonanz, die die geschilderte Situation bei den Teilnehmenden auslöst. Ein Schlüsselthema kristallisiert sich heraus und die Coaches sammeln anschließend Lösungen für dieses Schlüsselthema, die oft direkt umgesetzt werden können. Der Fallgeber ist dabei komplett entlastet. Er darf, nach einer kurzen Präsentation seines Falles, hören, auf welche Resonanz dieser bei den kollegialen Coaches trifft, welches Schlüsselthema generiert und welche Lösungen vorgeschlagen werden. Anschließend kommt er wieder in die Runde, gibt seinerseits ein Feedback und abschließend findet eine Prozessreflexion statt. Die Mehrperspektivität eröffnet Möglichkeiten, auf die man nur mit dem eigenen Blickwinkel nicht kommen kann, oder sie bestärkt die eigenen Ideen. Eine Methode wie diese, verstetigt im Alltag, halten wir für einen echten Beitrag zur Entlastung und gleichzeitig für einen Motor der Entwicklung in herausfordernden Zeiten.

Positive Zeichen der Rückmeldung deuten

Eine Unterrichtsstunde wird durch ein Klingelzeichen oder einen Gong beendet. Die Bücher und Hefte fliegen in die Taschen und die Schülerinnen und Schüler sind auf dem Sprung in die Pause. Ein hilfloses oder auch autoritäres „Ich beende die Stunde!" der Lehrerin bzw. des Lehrers wird entweder gänzlich ignoriert oder die Schülerinnen und Schüler warten ungeduldig ab, was da jetzt noch gesagt wird. Aber dann – nichts wie raus oder ins Handy vertiefen. Kennen Sie das? Dann packen auch wir unsere Sachen ein und verschwinden, mit etwas Glück, in eine kleine Pause. Wahrscheinlich aber eher vor den Kopierer oder in ein Gespräch, um nur noch eben schnell dieses oder jenes zu klären. Alles zwischen Tür und Angel, schnell noch einen Schluck Kaffee und dann geht's in die nächste Klasse, zum nächsten Unterricht. So vergehen die Tage, wir powern uns aus und bleiben in der Regel ohne Feedback.

Für die eigene Arbeitszufriedenheit ist positives Feedback wichtig. Nicht nur Schülerinnen und Schüler müssen Erfolge spüren, um motiviert zu bleiben, wir auch. Es gibt so viele kleine Zeichen, die wir wahrnehmen könnten und die uns signalisieren, dass wir vieles richtig machen und die Schülerinnen und Schüler uns wahrscheinlich doch für gute Lehrerinnen und Lehrer halten, weil sie viel lernen und sich als Person wahrgenommen fühlen. Wenn wir es ganz genau wissen wollten, könnten wir unseren Unterricht evaluieren. Fragebögen oder andere Methoden gibt es zuhauf. Ein paar Dinge, die mir als Rückmeldung wichtig sind, habe ich auch schnell selbst aufgeschrieben und mit Skalierungsfragen abgebildet. Das muss gar kein großer Aufwand sein. Aber das macht man ja nun auch nicht alle Tage.

Es sind die kleinen Zeichen unserer Schülerinnen und Schüler, die als positives Feedback zu deuten, wir lernen müssen. Es ist das Lächeln und der freundliche Gruß auf dem Flur. Es ist das Anbieten von Hilfe, wenn wir mal wieder bis oben hin bepackt sind. Es ist das freudige Berichten über Erfolge oder das interessierte und authentische Nachfragen nach mehr Informationen zu einem Thema. Das vertrauensvolle: „Kann ich Sie mal sprechen, ich muss Ihnen da mal was erzählen?", und dann werden uns Dinge anvertraut, mit denen wir sehr verantwortungsvoll umgehen müssen. Es sind tausend kleine, versteckte Zeichen, die die Schülerinnen und Schüler senden und die uns signalisieren, dass sie uns mögen und uns vertrauen.

Nehmen Sie die positiven Signale Ihrer Schülerinnen und Schüler bewusst wahr und machen Sie sich häufiger klar, was für eine gute Arbeit Sie leisten! Eher selten ist die Situation, dass Schülerinnen und Schüler am Ende einer Stunde unverhofft applaudieren, dass man in der Pause aufschnappt: „Frau X ist eine so geniale Lehrerin!", dass ein Kollege zum Geburtstag ein lebendes Schwein geschenkt bekommt oder eine Kollegin von ihren Schülerinnen und Schülern an ihrem runden Geburtstag mit dem Feuerwehrauto von zu Hause abgeholt wird. Alles das haben wir schon bei Kolleginnen und Kollegen erlebt! Wir Normalos müssen lernen, die kleinen Signale zu lesen. Ein kleiner Tipp für Schulleitungen: Statt einzelne vermeintliche Minderleistungen erfolglos mit Sanktionen zu belegen, wie es wäre mit einem durchaus auch einmal öffentlichen Lob für die vielen guten?

Starke Argumente

Vielfalt, Individualität, Klarheit, Antrieb, Kooperation, Lernen, Unterricht, Rückmeldungen, Rahmenbedingungen und Gesundheit sind unsere zehn Zugänge zu einer professionellen Lehrerpersönlichkeit im 21. Jahrhundert. Wir haben sie Entwicklungscluster genannt, weil jeder Zugang eine Fülle von Möglichkeiten bietet, die eigene Praxis zu reflektieren und die eigene Lehrerpersönlichkeit weiterzuentwickeln. Stellen Sie sich diese zehn Cluster wie zehn Türen zu einem einzigen Raum vor. Dieser Raum steht für eine Haltung. Durch welche Tür wollen Sie gehen? Welche ist Ihr persönlicher Zugang?

Auf den folgenden Seiten erläutern wir Zusammenhänge und liefern aus unserer Praxisperspektive Begründungen für das auf den Karten beschriebene Lehrerhandeln. Starke Schülerinnen und Schüler, die den Herausforderungen der Zukunft gewachsen sind, brauchen starke Lehrerinnen und Lehrer. Und die brauchen manchmal starke Argumente, um in ihren Schulen etwas zu bewegen. Erst in sich selbst, dann in der eigenen Klasse, im Team, in der Abteilung und schließlich in der ganzen Schule. Vielleicht stärkt unser Text Ihnen den Rücken.

Vielfalt

Unsere Grundannahme ist: Homogene Gruppen oder Klassen gibt es nicht. Für den professionellen Umgang im Alltag ist es daher sehr sinnvoll, sich die Vielfalt in einer Klasse immer wieder bewusst zu machen. Die Schülerinnen und Schüler unterscheiden sich nach ihrem familiären Hintergrund, nach Alter, körperlichem und geistigem Entwicklungsstand, Nationalität, Hautfarbe, Muttersprache, religiösen und politischen Überzeugungen, ihren Motivationen und Zielen. Sie unterscheiden sich in Lernverhalten, Lerntempo und -erfolg sowie in ihrer Zielstrebigkeit, Gesundheit, Resilienz ... Menschen sind verschieden.

Lehrerinnen und Lehrer haben – bewusst oder unbewusst – eine Haltung zu dieser Vielfalt. Wir müssen die Vielfalt als gegeben hinnehmen – wir können sie nicht ändern. Die Akzeptanz der Vielfalt bedeutet gleichzeitig den Abschied von einem „Lernen im Gleichschritt". Wenn Dinge nicht zu ändern sind, macht es eigentlich keinen Sinn, darin ein Problem zu sehen. So gesehen haben wir ein Problem weniger und können uns den Chancen dieser Vielfalt zuwenden.

Hier kann ein Blick in die Wirtschaft helfen (ohne dass wir damit Schule und Wirtschaft gleichsetzen wollen): Diversity Management setzt die unterschiedlichen Potenziale der Mitarbeiterinnen und Mitarbeiter sehr erfolgreich zielgerichtet ein. Bei der Personalauswahl wird sehr auf vielfältige Potenziale und den richtigen Mix von Persönlichkeiten in Arbeitsgruppen geachtet.

Übertragen auf die Schule heißt das, wir haben die Chance, die unterschiedlichen Potenziale unserer Schülerinnen und Schüler so zu nutzen, dass sowohl jede und jeder Einzelne als auch die Lerngruppe ihre Möglichkeiten optimal nutzen kann. Dazu müssen Lehrerinnen und Lehrer in der Lage sein, die Potenziale ihrer Schülerinnen und Schüler zu erkennen, sie zielgerichtet zu fördern und im Unterricht angemessen einzusetzen. Es braucht Zeit, Schülerinnen und Schüler, zum Beispiel in selbstgesteuerten Arbeitsphasen, individuell zu beobachten und mit ihnen über ihr Lernverhalten, ihre Stärken und Entwicklungsbereiche zu sprechen. Die Chancen steigen in dem Maße, in dem es gelingt, auf der Basis von Wertschätzung und Vertrauen eine gute Beziehung zu den Schülerinnen und Schülern aufzubauen. Das offene Gespräch fällt darüber hinaus umso leichter, je weniger Lehrerinnen und Lehrer in der Rolle von Beurteilern und Notenverteilern agieren.

Sind die Potenziale aller Schülerinnen und Schüler erst einmal erkannt, lassen sie sich auf vielfältige Art einbinden und fördern. Wie im richtigen Leben besteht die Welt eben nicht nur aus Einzelkämpfern. Wir agieren von Natur aus lieber gemeinsam (Bauer, 2013). So gilt auch die These, dass individualisiertes Lernen in der Gemeinschaft am besten gelingen kann (Muster-Wäbs, 2009). Hinzu kommt, dass gegenüber dem formalisierten Frontalunterricht (der, richtig eingesetzt, immer auch seinen Platz hat), informelle Lernprozesse mindestens ebenso effizient sein können. Die geschickte Zusammensetzung von Arbeitsgruppen bietet die Chance, miteinander und voneinander zu lernen. Der richtige Potenzial-Mix sorgt für optimale Ergebnisse in der Gruppe ebenso wie für die individuellen Lernfortschritte.

Oft ist in der Schule zu hören, dass sowohl leistungsstarke als auch leistungsschwache Schülerinnen und Schüler in Gruppenarbeitsphasen zu kurz kommen. Um dies zu vermeiden, muss die Gruppenzusammensetzung von den Lehrerinnen und Lehrern immer wieder neu gesteuert werden. Bei altersgemischten Gruppen lernen Jüngere von Älteren. So können auch leistungsschwächere Ältere die Erfahrung machen, dass sie anderen etwas beibringen können (Renz-Polster, 2011).

Damit unterschiedlichste Schülerinnen und Schüler miteinander und voneinander lernen können, braucht es ein Klima des wertschätzenden Umgangs. Dazu muss ein Rahmen geschaffen werden, in dem sich Schülerinnen und Schüler überhaupt in ihrer Individualität und Einzigartigkeit wahrnehmen können. Das gemeinsame Ziel, das alle in dieser Konstellation zusammengebracht hat, kann vor allem dann gut verfolgt werden, wenn sie eine Gruppenidentität entwickeln, in der jeder seinen Platz hat. Wenn alle Schülerinnen und Schüler sich in ihrer Klasse sicher und geborgen fühlen können, unabhängig von persönlichen Stärken und Schwächen und unabhängig von individuellem Wohl- oder Fehlverhalten, dann ist das Fundament für einen gemeinsamen, fruchtbaren Lernprozess gelegt. Lehrerinnen und Lehrern ist dabei der Gruppenprozess, den die Klasse durchläuft, genauso wichtig wie das Unterrichtsthema. Sensible Antennen sind nötig, um zu erkennen, wann und wie interveniert werden muss, um dauerhaft ein Klima der gegenseitigen Wertschätzung und damit die Voraussetzung für gelingendes Lernen zu schaffen (Muster-Wäbs, 2013). Potenziale werden bewusst, wenn sie benannt werden. Eine gute Gelegenheit dazu ist regelmäßiges Feedback.

Alle brauchen die Gewissheit, dass sie zu ihrem Recht kommen. Kognitive Leistungsfähigkeit darf nicht das einzige Differenzierungskriterium im Unterricht sein. Das kann in heterogenen Gruppen nur gelingen, wenn Lerngruppen immer wieder unterschiedliche Settings vorfinden. Rituale bilden ein tragfähiges Gerüst und stellen sicher, dass alle sehen und wertschätzen, wie jede und jeder Einzelne vorankommt.

Individualität

Jeder Mensch ist einzigartig. In jeder Schulklasse sitzen lauter Persönlichkeiten. Jede und jeder Einzelne will wahrgenommen werden und hat ein Recht auf unseren Respekt. Je mehr wir von jeder Schülerin und jedem Schüler wissen, desto wahrscheinlicher wird es, dass es uns gelingt, Lernerfolge zu ermöglichen, bei denen alle ihr Potenzial entfalten können. In Langzeitstudien hat man nachgewiesen, dass in Schulklassen die Unterschiede der Lernstände zwischen den Schülerinnen und Schülern zum Teil mehrere Lernjahre betragen (Largo, 2013). Die PISA-Studien bestätigen dies international, unabhängig von Schulsystemen und Altersgruppen. Damit wird klar, warum Lernen im Gleichschritt, orientiert an einem fiktiven Durchschnittsschüler, nicht funktionieren kann. Wir Lehrerinnen und Lehrer sehen hierin oft ein Problem – und tappen damit in eine Falle, die uns den Blick auf das Potenzial unserer Schülerinnen und Schüler verstellt. Immer dann, wenn wir Aufgaben stellen, die mit dem Leben der Schülerinnen und Schüler zu tun haben, können sie an Vorwissen anknüpfen, ihrer Phantasie freien Lauf lassen und so ihr Potenzial entfalten. Von ihren kreativen Ergebnissen werden wir immer wieder neu überrascht.

Was macht nun die Individualität unserer Schülerinnen und Schüler aus? Sie sind unter anderem Teil einer Familie, einer Klasse, einer Peergroup und auch unserer Gesellschaft. Alle Teilgruppen prägen sie in ihrer Persönlichkeit. Je mehr sie sich in den unterschiedlichen Gruppen in ihrer Persönlichkeit wahrgenommen und geachtet fühlen, desto stärker kann sich ihr Selbstwertgefühl entwickeln. In der Schule sind wir es, die diese Entwicklung beeinflussen können – in die eine oder in die andere Richtung. Erwarten wir auf dem Weg in die neue Klasse lauter leere Gefäße, die wir in den nächsten Jahren füllen müssen – oder freuen wir uns auf viele unterschiedliche Persönlichkeiten, mit denen wir gemeinsam lernen, leben und arbeiten wollen?

Nachdem sich die erste Scheu gelegt hat, erleben wir die ganze Palette von Persönlichkeiten mit ihren ebenso vielfältigen Verhaltensweisen. Es ist nicht leicht, alle bedingungslos so anzunehmen, wie sie sind. Bereits beim Lesen der Vornamen unserer Schülerinnen und Schüler in neuen Klassen können wir in Fallen tappen – mit Chantal und Kevin einerseits und Konstantin und Leonie andererseits können sich Vorurteile verbinden, die nicht selten zur selbsterfüllenden Prophezeiung werden. Intuitiv neigen wir dazu, Menschen aufgrund von Äußerlichkeiten oder ihres Verhaltens zu be- oder gar verurteilen, ihnen Motive zuzuschreiben und sie in Schubladen zu stecken. Ebenso wie wir intuitiv spüren, wenn andere dies mit uns tun, merken es auch unsere Schülerinnen und Schüler.

Wir können das verhindern. Aus der Gewaltfreien Kommunikation (Rosenberg, 2010) wissen wir, dass der Blick hinter das Verhalten und die Suche nach den darunter liegenden Bedürfnissen trainiert werden muss. Unser Verhalten beeinflusst die Lernchancen der Lernenden nachhaltig. Ihr Verhalten in jeder Situation als eine für sie in dem Moment richtige Strategie anzunehmen, ist schwierig. Wenn es aber gelingt, wird Verhalten kritisiert, ohne die Person zu beschädigen oder zu beschämen. Eine ehrlich empfundene Wertschätzung ist übrigens genauso intuitiv spürbar.

Wenn wir eine Klasse nicht als amorphe Masse sehen wollen, müssen wir ein ausgewogenes Verhältnis von Nähe und professioneller Distanz beherrschen. Es braucht Nähe, um Schülerinnen und Schüler so sehen zu können, wie sie sind. Verbale und nonverbale Signale wollen wahrgenommen werden. Die Aktenlage sagt wenig über einen Menschen aus, verstellt eher den unvoreingenommenen Blick. Die Bereitschaft, Individualität wahrzunehmen, beginnt schon beim Lernen der Namen und das ist bereits in der ersten Stunde möglich.

Auch Lehrerinnen und Lehrer sind nicht vor spontaner Sympathie und Antipathie gefeit. Dessen müssen wir uns immer bewusst sein. Es erfordert eine stete Reflexion unserer Gefühle, um Voreingenommenheit und Ungleichbehandlung zu vermeiden. Besonders aufmerksam sollten wir sein bei Aussagen mit „immer“ und

„nie“: „X kommt immer zu spät“ und „Y macht nie seine Hausaufgaben“. Gleiches gilt für vermeintlich gutes und schlechtes Verhalten unserer Schülerinnen und Schüler. Hilfreich kann dabei sein, zunächst zu ergründen, warum eine Schülerin oder ein Schüler sich so und nicht anders verhält. Auch die Einsicht, dass das Verhalten einer Schülerin oder eines Schülers für sie oder ihn gerade richtig ist, schützt vor schnellen Urteilen. Jedes Verhalten hat seinen Grund. Nur ohne vorgefasstes Urteil kann es uns gelingen, die Schülerinnen und Schüler mit ihren Beweggründen zu verstehen und mit ihnen darüber ins Gespräch zu kommen. Gerade auch bei interkulturellen Missverständnissen lassen sich auf diese Weise Konflikte klären und zukünftig vermeiden.

Wir Lehrerinnen und Lehrer neigen schnell dazu, Mängel, Schwächen und Fehler zu sehen. Daraus leiten wir Versagen ab oder verzweifeln an der vermeintlichen Unzulänglichkeit der Schülerinnen und Schüler. Nun können wir uns unsere Schülerinnen und Schüler nicht aussuchen. Hilfreich ist hier eine Haltung, die am besten so umschrieben werden kann: „Es ist, wie es ist! Jeder ist gut, so wie er ist.“ Wenn es uns gelingt, den Ressourcen-Blick zu trainieren, haben wir die Chance, die individuellen Stärken aller Schülerinnen und Schüler zu erkennen, ihre individuellen Lernwege, ihre Vorlieben, kurz: ihr Potenzial. Jetzt gilt es noch, die passenden Strategien zu finden, damit jeder sein Potenzial entfalten kann.

Nun unterrichten Lehrerinnen und Lehrer in der Regel nicht einzelne Schülerinnen und Schüler, sondern Gruppen. Die formale Aufgabe lautet, alle Schülerinnen und Schüler einer Klasse zum vorgegebenen Ziel zu führen. Gleichzeitig sollen alle mit ihren je individuellen Stärken und Schwächen gesehen und auf ihrem Lernweg begleitet werden. Wir müssen uns bewusst machen, dass unser Blick auf die Klasse nur eine Wirklichkeit von vielen möglichen ist, also keineswegs allgemeingültig sein kann. Daraus folgt, dass wir diesen Blick immer wieder neu reflektieren müssen und dies am besten auch im Lehrerteam offen kommunizieren.

Wir sind gefordert, objektiv zu sein, jeden gleich zu behandeln und dabei immer auch die ganze Klasse im Fokus zu behalten. Außerdem sollen wir individuelle Rückmeldungen geben und Leistungen benoten. Wie kann dieser Spagat gelingen? Sowohl das Ziel des Bildungsgangs als auch die Individualität der Schülerinnen und Schüler müssen zu ihrem Recht kommen, weder das eine noch das andere Ziel darf aus dem Blick geraten. Auch hier gilt: Es braucht den Mut, in Kenntnis der eigenen Schülerinnen und Schüler und des Ziels des Bildungsgangs individuell oder im Team Entscheidungen zu treffen. Erst damit ermöglichen wir optimale Lernchancen.

Lehrerinnen und Lehrer sind allzu oft Getriebene – vom Stoff, vom Lehrplan, von den anstehenden Prüfungen, von den Kollegen, den Eltern und Betrieben oder der Schulleitung. Natürlich müssen wir im System funktionieren – allerdings stellen wir auch immer wieder fest, dass das System nicht zu unseren Schülerinnen und Schülern passt. Da wir die Schülerinnen und Schüler nicht austauschen können, liegt es an uns, das System soweit wie möglich an unsere Schülerinnen und Schüler anzupassen. Das geht individuell hinter den verschlossenen Türen des Klassenraums, besser jedoch gemeinsam im Lehrerteam, im Jahrgang oder in der ganzen Schule. Wir wissen, dass es viele individuelle Wege zum Doppel-Ziel gibt und manchmal eben erst das „Lernen zu lernen" und die Stärkung der Persönlichkeiten im Vordergrund stehen muss. Für den „wirklich wichtigen Stoff" bleibt dann immer noch ausreichend Zeit!

KLARHEIT

Klarheit hat mit Transparenz zu tun. Etwas ist durchsichtig. Etwas anderes wird dadurch sichtbar. Ich stehe vor einer klaren Scheibe und sehe ganz genau, was dahinter ist. Sind die Vorhänge zugezogen, sehe ich nichts. Dieses Kapitel ist ein Appell, in der Schule die Vorhänge aufzuziehen, ach was – hängen Sie sie am besten gleich ganz ab! Sich im Klaren über etwas sein. Klar sehen. Klarheit haben. Es ist ziemlich klar, was das bedeutet: Es gibt keine bösen Überraschungen. Wenn mir klar ist, was mich erwartet, wenn ich die geltenden Spielregeln kenne, dann kann ich mich darauf einlassen, mich sicher fühlen, kann ganz entspannt sein.

Lernprozesse haben immer ein Ziel, das in der Regel auf vielfältigen Wegen erreicht werden kann. Es gehört zur Kompetenz der Lehrerinnen und Lehrer, zu antizipieren, worauf es im Leben der Schülerinnen und Schüler zukünftig ankommen wird und was zu lernen für sie wichtig ist. Außerdem können sie ein passendes Setting sowie Materialien für den Lernprozess auswählen und Methoden festlegen. Lehrerinnen und Lehrer planen die Lernpro-

zesse ihrer Schülerinnen und Schüler prospektiv und reflektieren sie retrospektiv.

Wenn die Schülerinnen und Schüler nicht Objekt eines fremdbestimmten Lernprozesses sein sollen, ist ihnen in jeder Unterrichtseinheit und in jeder Stunde das Ziel bekannt, um den Weg transparent zu machen. Mit zunehmender Erfahrung werden sie aktiv eingebunden in alle Lernschritte und können eigene Wege zum Ziel ausprobieren. So übernehmen sie als Subjekte Verantwortung für ihren eigenen Lernprozess und erfahren Selbstwirksamkeit. Für Lehrerinnen und Lehrer heißt dies, Vertrauen in die Leistungsfähigkeit ihrer Schülerinnen und Schüler zu haben, sie als Selbst-Lernende ernst zu nehmen und damit als Person zu respektieren. Unsere Erfahrung zeigt, dass wir immer wieder positiv überrascht werden von der Qualität der Ergebnisse und der Kreativität, mit der sie auf neuen Wegen zu beeindruckenden Lösungen kommen.

Als Subjekte ihres eigenen Lernprozesses werden Schülerinnen und Schüler selbstverständlich auch bei der Bewertung der Ergebnisse einbezogen und lernen, ihre Arbeit kritisch zu reflektieren. Indem sie die Prozessqualität ihres Lernens beurteilen, lernen sie auch auf der Metaebene: Waren die Entscheidungen richtig, was ist gelungen und warum, was nicht und warum nicht, was sollte im nächsten Lernprozess optimiert werden? Neben Fächern und Themen wird so auf der Metaebene „das Lernen lernen“ für die Schülerinnen und Schüler zum selbstverständlichen Bestandteil jedes Arbeitsprozesses.

Lehrerinnen und Lehrer, die der Fähigkeit zum selbstständigen Lernen ihrer Schülerinnen und Schüler vertrauen, können mit großer Gelassenheit auch den Klassenraum um weitere Lernräume innerhalb und außerhalb der Schule erweitern – sie wissen, dass

ihre Schülerinnen und Schüler verantwortungsvoll damit umgehen werden. So kann auch das Einzelkämpfertum, das Unterrichten hinter verschlossenen Türen, überwunden werden. Lehrerinnen und Lehrer, die ihren Schülerinnen und Schülern vertrauen und stolz auf deren Lernleistungen sind, können sich und ihren Unterricht leichter für Kooperationen mit anderen und für Teamarbeit öffnen. Dieses Vertrauen muss wachsen und die Kompetenzen zum selbstständigen Lernen müssen Schritt für Schritt erworben werden. Eigentlich von Beginn an. Dazu gehört eine Begleitung mit zunächst sehr vielen und engen Rückkopplungsschleifen. Die Abstände können sukzessive größer werden. Ritualisierte Metakommunikation ist auch hier unverzichtbarer Teil des Lernprozesses.

Eine Lernkultur ist geprägt vom Dreischritt Information, Kommunikation und Beteiligung. Entscheidungen treffen Lehrerinnen und Lehrer und Schülerinnen und Schüler gemeinsam. Transparenz braucht es nicht nur für die Schülerinnen und Schüler und die Schulöffentlichkeit. Wenn wir eingefahrene Gleise des Unterrichtens hinter verschlossenen Türen verlassen wollen, ist die Unterstützung der Eltern und in Berufsschulen der Betriebe wichtig. Wenn Schülerinnen und Schüler selbst Verantwortung für ihr Lernen übernehmen, müssen Eltern und Betriebe lernen loszulassen, Kontrolle und Überwachung würde die Selbstverantwortung konterkarieren. Dies gilt nach unserer Überzeugung auch schon bei den jüngsten Schülerinnen und Schülern!

Damit Eltern aber loslassen können, braucht es Vertrauen in die Schule und die Kompetenz der Lehrerinnen und Lehrer. Dieses Vertrauen kann über Transparenz, zum Beispiel die Veröffentlichung der Lernergebnisse, gewonnen werden. Klarheit eben. Ziehen Sie die Vorhänge zurück!

Auch durch klare Strukturen im Unterricht kann Vertrauen gewonnen werden: Es gibt einen Rahmen, es gibt einen Handlungsspielraum, es gibt transparente Gründe und es gibt ein attraktives Ziel. So hat auch das selbstständige Lernen der Schülerinnen und Schüler immer „Leitplanken" und Beliebigkeit wird vermieden.

Im Lernprozess selbst werden weder die einzelnen Schülerinnen und Schüler noch die Lerngruppen alleingelassen. Lehrerinnen und Lehrer beobachten, beraten, unterstützen, helfen und sind immer ansprechbar, wenn sie gebraucht werden. Auf jeden Fall nehmen sie das Lernverhalten jeder einzelnen Schülerin und jedes einzelnen Schülers wahr und können es zum Beispiel bei Gruppeneinteilungen lernförderlich berücksichtigen. Außerdem sorgen sie prozessbegleitend für Orientierung: Wo stehe ich, wo will ich hin, wie weit ist der Weg? Damit stellen sie sicher, dass ihre Schülerinnen und Schüler insbesondere auch bei komplexen und umfangreichen Aufgaben immer den Überblick bewahren. Die Grundannahme dabei ist: Die Schülerinnen und Schüler wollen ein Ziel verfolgen und haben ein Interesse daran, es zu erreichen.

Mit den Schülerinnen und Schülern wird immer wieder individuell über ihre Lernleistungen und ihren Lernstand kommuniziert, auch Eltern und Betriebe werden eingebunden. Gemeinsam wird daran gearbeitet, individuelle Potenziale zu entfalten und optimalen Kompetenzerwerb der Schülerinnen und Schüler zu ermöglichen.

Architekten, die heute Schulen für zukunftsorientiertes Lernen planen, sind im Extremfall dazu übergegangen, das gesamte Gebäude inklusive der Innenwände aus Glas zu konstruieren. Ablenkung aus dem Nachbarraum kann zeitweise zum Beispiel mit Stellwänden reduziert werden. Dieser radikale Schritt hin zur Öffnung des Lernprozesses für die Schulöffentlichkeit wird zunächst

verstören, ist aber die konsequente Umsetzung von Transparenz und Klarheit.

Antrieb

Zunächst ein wenig Antriebswortspielerei. Antrieb, wörtlich genommen, hat mit Bewegung und mit Energie zu tun. Wenn Menschen entscheiden, sich in Bewegung zu setzen, haben sie Beweggründe, dies zu tun, und sie sind bereit, dafür Energie aufzubringen. Diese Beweggründe sind höchst individuell. Die eigenen Beweggründe schaffen inneren Antrieb. Ein Grund ist dann gegeben, wenn jemand das Warum für sich geklärt hat, wenn also das Ziel oder der Zweck der Bewegung klar, nachvollziehbar und erstrebenswert ist. Eine Bewegung aus sich heraus kann mit wenig Energieaufwand von außen unterstützt werden. Im Idealfall durch eine Sogwirkung, die von einem attraktiven Ziel ausgeht, aber auch mit ein wenig Schub durch positive Bestärkung oder etwas Zug, weil für das Durchhalten noch Hilfe nötig ist. Wenn Menschen dagegen keine eigenen Beweggründe haben, fehlt der Antrieb.

Wirkt eine Schülerin oder ein Schüler antriebslos, kann das viele Gründe haben. Antriebslosigkeit zu überwinden, ist mit einer enormen Kraftanstrengung verbunden, wie ein langes Bergauflaufen. Ist nur der steile, beschwerliche Weg zu sehen, der vor einem liegt, und ist kein Ende, keine Erleichterung in Sicht, dann ist es manchmal leichter, mit dem Etikett „antriebslos" zu leben, als sich auf den Weg zu machen. Lehrerinnen und Lehrer können mit den Schülerinnen und Schülern gemeinsam auf die Suche nach Beweggründen gehen, können es zumindest versuchen. Ein gemeinsamer Blick auf die Landkarte kann helfen. Gemeinsam können Etappenziele markiert werden. Jede Schülerin oder jeder Schüler entscheidet selbst, ob sie oder er losmarschiert, sich in Bewegung setzt. Klar ist jedoch auch: Den Berg hochtragen werden wir sie nicht.

Es ist eigentlich ganz einfach mit dem Antrieb: „Wie man in den Wald hineinruft, so schallt es heraus." Sobald eine Lehrerin oder ein Lehrer eine Klasse betritt, sind alle in einer Resonanzbeziehung. Nur, wer ist „der Wald", wer „ruft hinein" und was „schallt heraus"? Man kann, wie bei der Diskussion um die Henne und das Ei, nicht genau sagen, was zuerst da war. Ist der erste Satz der Lehrerin oder des Lehrers bereits eine Resonanz auf die Signale der Klasse? Ruft also die Klasse in den Wald? Oder ist der erste Satz der Lehrerin oder des Lehrers der Ruf in den Wald, der eine Resonanz in der Klasse erzeugt?

Hier kann man sicherlich von einer Wechselwirkung ausgehen. Lehrerinnen und Lehrer können sich jedoch klarmachen, dass ihre Haltung und ihr Verhalten die Qualität des weiteren Kommunikationsverlaufs beeinflussen wird. Wir befinden uns unter der Wasseroberfläche eines imaginären Eisbergs der Kommunikation. In Bruchteilen von Sekunden erfassen wir eine Situation unbewusst. Unsere Gedankenmuster und Erfahrungen lassen aber nur einen

kleinen Teil davon ins Bewusstsein kommen. Auf dieser Grundlage entscheiden und handeln wir. Unsere Handlung ist also eine Reaktion darauf, wie wir die Situation individuell und unbewusst interpretieren (Schein, 2000).

Schnell entsteht ein Pingpong-Effekt der individuell interpretierten Reaktionen Lehrende – Lernende, wobei die Vielfalt der Individuen in der Klasse die Komplexität der Gesamtsituation noch erhöht. Gelingt es zu Beginn, unvoreingenommen und ohne Interpretation oder gar Bewertung ausschließlich empathisch wahrzunehmen, was ist, und es dabei zu belassen, legen Sie mit großer Wahrscheinlichkeit den Grundstein für eine nachhaltig produktive Arbeitsatmosphäre. Kennen Lehrerin oder Lehrer und Klasse sich bereits, geht das ganz schnell; arbeiten sie noch nicht so lange zusammen, kann es auch mal etwas länger dauern. Nach unserer Erfahrung haben Schülerinnen und Schüler ein sehr feines Gespür für die Empathie, die ihnen entgegengebracht wird. Dazu bedarf es keiner Worte. Ein stiller Impuls, getragen von empathischer Wahrnehmung der Situation, zentriert die Aufmerksamkeit der Gruppe. In so einem Moment können Lehrende ganz bewusst „in den Wald rufen". So entscheiden sie mit, wie es um den Antrieb der Schülerinnen und Schüler in der Unterrichtsstunde bestellt ist.

Ob eine Klasse bereit und in der Lage ist zu arbeiten, hat viel mit dem Feingefühl ihrer Lehrerin oder ihres Lehrers zu tun. Schülerinnen und Schüler sind keine leeren Gefäße. Sie haben ein Leben außerhalb der Schule, das auch in die Schule hineinwirkt. Möglicherweise haben sie etwas erlebt, das sie daran hindert, jetzt mit Vollgas loszulegen. Als Lehrerinnen und Lehrer können wir nicht wissen, wer gerade zu Hause Stress hat, wer gerade fürchterlich unglücklich ist, weil der Hund gestorben ist, wer von seinem Freund verlassen wurde oder wessen Vater schon am Frühstückstisch betrunken war. Alle tragen Erlebnisse mit sich herum, die mehr oder weniger Einfluss auf die individuelle Lernbereitschaft haben. Manchmal hallt aus der Unterrichtsstunde vorher noch eine Stimmung nach, die geradezu verhindert, zur Tagesordnung überzugehen.

Die empathische Wahrnehmung der Situation lässt spüren, was geht und was nicht. Manchmal sind Erschütterungen in einer Klasse so mächtig, dass es einer regelrechten Auslöschung bedarf. Das kann ein kurzer Spaziergang auf dem Hof sein, die Anwendung einer Aktivierungsmethode, in der gelacht wird und sich alle einmal ausschütteln können. Manchmal braucht es einfach ein offenes Ohr und die Bereitschaft zu einem Gespräch über die Sorgen einzelner Schülerinnen und Schüler. Die investierte Zeit zahlt sich meist aus. Die Luft ist bereinigt und es herrscht eine Atmosphäre, in der konzentriert gearbeitet werden kann. Schülerinnen und Schüler fühlen sich so auch als Gruppe mit ihren Bedürfnissen wahrgenommen.

Die Arbeitslust und Lernfreude ist nach unserer Erfahrung dann besonders hoch, wenn die Schülerinnen und Schüler selbst entschieden haben, was bzw. dass sie etwas wollen. Wir glauben, dass von keiner Schülerin und keinem Schüler erwartet werden kann, sich für alle Lerninhalte in der Schule gleichermaßen zu engagieren und zu begeistern. Es wird immer mehr oder weniger Interesse für das eine oder andere Fach geben. Von einer Motivation allein über das spannende Thema ist also nicht bei jedem auszugehen. Wenn Schülerinnen und Schüler die Erfahrung machen, dass Lehrerinnen und Lehrer sich ihnen gegenüber wertschätzend verhalten, auch wenn sie nicht deren Steckenpferd teilen, sind sie häufig bereit, sich mit der Materie auseinanderzusetzen. Wir sind überzeugt davon, dass die zu erwartenden Noten dabei nur eine untergeordnete Rolle spielen.

Eine bedingungslose Wertschätzung für die Schülerinnen und Schüler unabhängig vom individuellen Interesse und der Leistungsfähigkeit im eigenen Fach beeinflusst deren Leistungsbereitschaft und persönliches Engagement. Dies kann zum Beispiel bedeuten, sich mit einer Schülerin oder einem Schüler auch über eine „schlechte“ Note zu freuen, weil individuell ein großer Lernfortschritt erzielt worden ist. Solche positiven Erfahrungen und Erfolge lösen „Dopamin-Duschen“ im Gehirn aus. Das scheint uns der beste Weg zum nachhaltigen Lernen zu sein.

Wir Lehrerinnen und Lehrer können durch unser Verhalten den Boden bereiten, auf dem unsere Schülerinnen und Schüler sich selbst motivieren und aus eigenem Antrieb handeln. Lehrerinnen und Lehrer können auch im positiven Sinne Antreiber sein, zum Beispiel wenn es darum geht durchzuhalten, sich klar zu machen, dass das Ziel bald erreicht ist, dass es die Anstrengung lohnt. Den Schülerinnen und Schülern hilft es, sich ein Zielbild zu malen – „Wie fühlt es sich an, wenn du anschließend stolz auf dein Ergebnis bist?“. Hin und wieder in ein Motivationsloch zu fallen, ist nur allzu menschlich. Lehrerinnen und Lehrer können ihren Schülerinnen und Schülern dann eine Leiter reichen, auf der sie hinausklettern können. Sie werden klettern, wenn sie spüren, dass sie unabhängig von ihrem Verhalten und ihren Leistungen als eigenständige Persönlichkeit wahrgenommen, wertgeschätzt und gefördert werden.

Lehrerinnen und Lehrer tun gut daran, mögliche persönliche Antipathien daraufhin zu hinterfragen, was diese mit ihnen selbst zu tun haben. In der Kommunikation mit Schülerinnen und Schülern sollte immer klar sein, dass alle gleichermaßen gemocht werden, dass bedingungslose empathische Wahrnehmung allen entgegengebracht wird. Durch eine professionelle Reflexionsfähigkeit sind wir dazu in der Lage.

Kooperation

Das Bild von den Lehrkräften als Einzelkämpferinnen und Einzelkämpfer hinter verschlossenen Klassenraumtüren ist sicherlich heute überholt. Wir sind Teil eines Teams, idealerweise eines multiprofessionellen Teams aus Lehrerinnen und Lehrern, Sozialarbeiterinnen und Sozialarbeitern, Sonderpädagoginnen und Sonderpädagogen, Psychologinnen und Psychologen. Die Teamarbeit entlastet uns von der alleinigen Verantwortung für alles – und hilft uns so, trotz aller Belastungen eines sozialen Berufs gesund zu bleiben. Als Lehrerteam mit unterschiedlichen Professionen zu arbeiten, bringt ganz unterschiedliche Blickwinkel auf einzelne Schülerinnen und Schüler und die gesamte Klasse zusammen. Richtig eingesetzt, führt diese Mehrperspektivität zur Arbeitserleichterung für jedes Teammitglied. Voraussetzung ist, dass die Teammitglieder unterschiedlicher Profession lernen, miteinander zu kommunizieren und sich gegenseitig zu respektieren. Auch hier kommt letztendlich der Empathie eine besondere Bedeutung zu: Es braucht Sensibilität im Umgang miteinander.

Die Regeln für funktionierende Teamarbeit unserer Schülerinnen und Schüler erarbeiten wir gemeinsam mit ihnen – gleiches gilt auch für das Lehrerteam. Den Respekt für die Unterschiede der Teamkollegen haben wir bereits erwähnt. Darüber hinaus ist es von Vorteil, ein gemeinsames Verständnis von gutem Unterricht und guter Schule zu entwickeln. Daraus ableiten lässt sich ein gemeinsames Ziel für die Teamarbeit und den Unterricht. Dabei braucht es sicher auch die Bereitschaft, Kompromisse einzugehen. Auf dieser Basis kann dann gemeinsam die Verantwortung für gelingende Lernprozesse aller Schülerinnen und Schüler übernommen werden. Jedes Teammitglied bringt seine Stärken in die gemeinsame Arbeit ein und übernimmt entsprechende Aufgaben und Rollen innerhalb des Erziehungs- und Bildungsauftrags.

Teams arbeiten in der Schule auf unterschiedlichen Organisationsebenen. Selbst in Schulen, in denen Teamarbeit noch nicht Standard ist, kann niemand die Kolleginnen und Kollegen einer Klasse daran hindern, sich als Team zu formieren und entsprechend zu agieren. Ideal ist es, wenn Klassen-, Jahrgangs-, Fach- und Projektteams auf der Basis eines schulischen Leitbildes eine gemeinsame Zielperspektive haben, an der sich ihre Arbeit orientiert. In solchen Schulen ist der Schritt vom „Ich und meine Klasse" zum „Wir und unsere Schule" vollzogen, die Kollegen verstehen sich nicht nur als im System Arbeitende, sondern auch als am System Arbeitende. Dass dies, gekoppelt mit dem Mut, eigene Wege zu gehen, notwendig ist, haben wir im Kapitel Rahmenbedingungen an anderer Stelle erläutert.

Die psychisch und physisch immens entlastende Wirkung gelungener Teamarbeit bemerken alle Teammitglieder sofort – die individuelle Last der Verantwortung für alles und jedes fällt von ihnen ab, die offene Kommunikation über Erfolge und Misserfolge im Unterricht führt zu geteilter Freude wie geteiltem Leid. Die

Perspektiven der anderen schärfen die eigene Sichtweise und lassen Perspektivwechsel zu. Die Reflexion der eigenen Arbeit im Team führt zu Arbeitszufriedenheit und dient letztendlich der Gesundheitsprophylaxe.

Schülerinnen und Schüler bemerken gelungene Teamarbeit ihrer Lehrerinnen und Lehrer sofort – sie fühlen sich ernst genommen, gesehen und wertgeschätzt. Schülerinnen und Schüler sind höchst sensibel sowohl für ein Arbeiten nebeneinander her als auch für ein Arbeiten gegeneinander seitens ihrer Lehrerinnen und Lehrer. Betonierte Fächergrenzen, Ungleichbehandlung und fehlende Koordination in Zeiten hoher Belastung sind Symptome, an denen Schülerinnen und Schüler immer wieder verzweifeln. Auch Lehrerinnen und Lehrer, die nur ihr Fach unterrichten und nicht ihre Schülerinnen und Schüler, also zum Beispiel 28 höchst verschiedene Individuen, können diese Haltung nicht vor ihren Schülerinnen und Schülern verbergen. Der Blick über den Tellerrand des eigenen Faches ermöglicht Lernen in größeren Zusammenhängen. Auch der Schritt vom 45-Minuten-Unterricht zu an Themen und Aufgaben orientierten größeren Lerneinheiten ist im Team sehr viel leichter.

Ein Unterricht, der bei den einzelnen Schülerinnen und Schülern ansetzt, stößt in Schulen immer wieder an organisatorische Grenzen. Schulleitungen müssen echte Teamarbeit aktiv fördern, Teambildungsprozesse im Kollegium zulassen und organisatorische Hemmnisse aus dem Weg räumen. Teams brauchen eine durch die Schulkonferenz legitimierte und von der Schulleitung geförderte „Experimentierklausel“, um neue Wege für ihre Schülerinnen und Schüler auszuprobieren. Über die Ergebnisse legen sie anschließend der Schulöffentlichkeit gegenüber Rechenschaft ab.

Wir alle kennen Widerstände von Schülerinnen und Schülern gegen Teamarbeit. Arbeit im Team ist keine voraussetzungslose Methode wie der Frontalunterricht. Wenn Lehrerinnen und Lehrer das Heft aus der Hand geben und ihre Schülerinnen und Schüler selbstständig und eigenverantwortlich „laufen lassen", geht dies allzu oft schief. Das Ergebnis ist die Ablehnung von Team- und Gruppenarbeit.

Voraussetzung dafür, dass Lehrerinnen und Lehrer ihre Schülerinnen und Schüler in Teams arbeiten lassen können, ist das Vertrauen in deren Fähigkeit zur Selbstregulation und deren Motivation zur Erreichung eines Ziels. Schülerinnen und Schüler spüren höchst sensibel, wenn Lehrende ihnen dies eigentlich nicht zutrauen. Misstrauen aber führt dazu, dass sie nicht ordentlich arbeiten können.

Gemeinsam erarbeitete Regeln für Teamarbeit und ihre regelmäßige Evaluation lassen Vertrauen wachsen. Teamarbeit macht nur dann Sinn, wenn die positiven Werte „unter der Wasseroberfläche" erlebt werden – als Vertrauen, Freude, Zuversicht, Stärke. Nur dann bringt Teamarbeit zusätzliche Effekte gegenüber der Einzelarbeit. Schon an der Zieldiskussion müssen die Schülerinnen und Schüler beteiligt werden. Sie brauchen Methodenkompetenzen, Rollenklarheit und eine verlässliche Begleitung durch die Lehrerinnen und Lehrer. Jede Teamarbeit wird begleitet von Metakommunikation: Wie haben wir gearbeitet, was lief gut, was lief nicht so gut, was wollen wir beim nächsten Mal ändern? Auch die Beurteilung der Teamarbeit bezieht die Akteure selbstverständlich mit ein.

Letztendlich gelten für die Teamarbeit die gleichen Kriterien eines guten Lernklimas wie für alle anderen Organisationsformen des Lernens. Im Kern geht es dabei um eine Haltung sich selbst und anderen gegenüber – es geht um Respekt und Vertrauen. In diesem

Klima kann man miteinander und übereinander reden, ohne Angst vor Beschämung. So können Schülerinnen und Schüler Verantwortung für ihren eigenen Lernprozess wie für den ihrer Mitschülerinnen und Mitschüler übernehmen.

Lernen

In der Schule dreht sich alles um das Lernen. Es ist Anlass und Ziel schulischer Arbeit. Lernen für das Leben, für die persönliche und soziale Weiterentwicklung, für die eigenen Ziele. Lernen für berufliche und gesellschaftliche Teilhabe. Aber auch: für ein Fach und für Prüfungen. Ermöglicht das Lernen den erstrebten Abschluss, ist das großartig. Sichert es dann noch den erwünschten Anschluss, umso besser.

Was bedeutet anschlussfähiges Lernen in der heutigen Zeit? Gleichberechtigt neben der Frage: „WAS wird gelernt?“, die Lehrende beantworten müssen, steht die Frage: „WIE wird gelernt?“. Auch auf die Frage: „WARUM wird so gelernt?“ sollten sie eine Antwort haben. Alle Lernenden werden auch nach ihrer

Schulzeit ein Leben lang Lernende bleiben. Voraussichtlich wird eine nicht unerhebliche Anzahl von ihnen morgen einem Beruf nachgehen, den wir heute noch nicht einmal kennen. Mehrere Berufswechsel sind zu erwarten. Wir bilden schon lang nicht mehr für den einen Beruf aus, der dann ein Leben lang ausgeübt wird. Technologien entwickeln sich schnell und schneller. Die Komplexität wächst. Vor diesem Hintergrund müssen wir uns als Lehrende fragen, was morgen sein wird und was in der Schule heute wirklich wichtig ist, und möglichst im Konsens mit unseren Kolleginnen und Kollegen dazu Entscheidungen treffen. Immer wieder neu.

Ein wichtiges Stichwort dazu ist unseres Erachtens: Loslassen! Es kann nicht jedes fachliche Steckenpferd geritten werden, wenn sich das vorhandene Weltwissen in kürzester Zeit verdoppelt. Es besteht keine Chance, da hinterherzukommen. Je schneller der Wandel sich vollzieht und je unübersichtlicher Entscheidungssituationen werden, desto mehr braucht es Kompetenzen, um mit Komplexität und Unsicherheit umzugehen. Unsicherheit können Menschen besser aushalten, die gelernt haben, auf ihre eigenen Fähigkeiten zu vertrauen und die in sich ruhen. Sie finden sich in neuen, unübersichtlichen und schwierigen Situationen zurecht. Sie wenden zielführende Strategien an, entwickeln eine Lösung und finden einen Weg. Jede Erfahrung dieser Art ist eine Selbstwirksamkeitserfahrung mit einer positiven Auswirkung auf Selbstsicherheit und Selbstvertrauen. Wenn in der Schule diese so wichtigen Erfahrungen gemacht werden können, dann wächst die Haben-Seite des Selbstwirksamkeitskontos stetig.

Lehrende können die Komplexität einer Lernsituation beeinflussen. Es muss unterschiedliche Komplexitätsstufen für unterschiedliche Lernende und Lerner-Gruppen geben. Beobachten Lehrende gut, können sie einschätzen, welcher Komplexitätsgrad einer Lern-

situation die Lernenden angemessen herausfordert. Lernen geschieht, wenn „wissen wollen“ im Spiel ist und wenn etwas anders ist als erwartet (Spitzer, 2007). Lernen braucht Aufmerksamkeit und den Wunsch, etwas zu können. Wir dürfen Lernen nicht mit dem Erledigen von Aufgaben verwechseln. Wenn eine Drittklässlerin nicht nur eine Mathematikaufgabe gelöst, sondern auch das Prinzip der Aufgabenstellung internalisiert hat, kann sie die nächsthöhere Herausforderung meistern. Dies ist ihrem Selbstwirksamkeitserleben sicher zuträglicher als das vorgesehene Abarbeiten fünf weiterer Übungsaufgaben. Für ihren Nachbarn aber sind die Übungen sehr wichtig, um den Denkprozess für diesen Aufgabentyp zu trainieren.

Lernen ist ein individueller und aktiver Prozess. Können Ihre Schülerinnen und Schüler erklären, was sie tun, wenn sie lernen? Wenden sie eine Strategie an? „Ich lese mir das noch ein paarmal durch und dann kann ich das schon ...“, hören wir Lernende manchmal sagen, und sie sind verblüfft, wenn wir diese Strategie als eher passiv bezeichnen. Wir können nicht davon ausgehen, dass Lernstrategien einfach da sind und angewendet werden. Was bedeutet es, beim Lernen aktiv zu sein? Und welche Strategie ist die richtige? Wenn Lernen so individuell ist wie ein Fingerabdruck (von Foerster 1999), dann braucht jeder seine eigenen Strategien. In der Schule muss Raum dafür sein, sie zu finden. Raum und Zeit, um auszuprobieren und Erfahrungen zu machen, zum Reflektieren und Entscheiden. Wenn diese Prozesse gut begleitet werden, können wir darauf setzen, dass Schülerinnen und Schüler Verantwortung übernehmen für ihr eigenes Lernen. Das über 100 Jahre alte Zitat Hugo Gaudigs „Der Schüler muss Methode haben“ hat nichts an Aktualität verloren.

In der Schule sind Lehrerinnen und Lehrer dafür verantwortlich, dass Methodenkompetenz erworben wird, ganz individuell.

Lernen ist ein konstruktiver Prozess. Neues braucht Andockstellen, um nachhaltig verfügbar zu sein. Neues wird mit Vorhandenem verknüpft. Erst wenn Lernende auf die Frage: „Was hat das mit mir zu tun?“ eine schlüssige Antwort finden, macht das Lernen einen Sinn. Hat das Neue keine Bedeutung, wird es nicht gelernt. Jedenfalls nicht gern und erst recht nicht nachhaltig. „Mathe kann ich sowieso nicht.“ ist eine häufige implizite Grundannahme von Schülerinnen und Schülern. Wenn diese innere Überzeugung das Handeln leitet, bestätigt sich diese Annahme immer wieder. „Self fulfilling prophecy.“ Anstrengung lohnt sich nicht, wenn man etwas „sowieso nicht kann“. Dann ist die Enttäuschung auch nicht so groß, wenn man schon wieder scheitert. Das hat man ja sowieso erwartet. In einem inhaltsfokussierten Unterricht hat jede Schülerin und jeder Schüler schnell seine Rolle. Die impliziten Grundannahmen gelten bald für alle Beteiligten. Auch Lehrerinnen und Lehrer sind davon überzeugt, dass einige „Mathe eben sowieso nicht können“.

Sie können das Lernen besser fördern, wenn hinderliche implizite Grundannahmen ihrer Schülerinnen und Schüler eine Chance haben, entdeckt, kommuniziert und verändert zu werden. Dazu braucht es die Nähe und den Kontakt zu jeder und jedem Einzelnen. Dann kann die Suche nach dem Anknüpfungspunkt gelingen. Am besten mit der impliziten Grundannahme: „Jeder kann etwas!“. Denn auch diese Annahme wird sich bestätigen. Schülerinnen und Schüler brauchen eine Chance, um zu erkennen, was die Lerngegenstände mit ihnen zu tun haben und welchen Nutzen sie davon haben, sich mit ihnen auseinanderzusetzen. Allein das Argument, Lerninhalte seien in einem Lehrplan aufgeführt und jetzt eben dran, ist nicht besonders schlagkräftig. Sinnsuche lohnt sich! Sinn ergibt sich in einer sinnvollen Situation oft von selbst.

Auch Neugier und Erfolgszuversicht sind notwendige Bestandteile eines guten Lernprozesses. Aufmerksamkeit und die Möglichkeit zu wachsen stecken darin. Positive Emotionen sind dann ein Nebeneffekt von Lernen und gleichzeitig eine Voraussetzung für nachhaltiges Lernen. Wenn sich Schülerinnen und Schüler für etwas begeistern können, lernen sie wie von selbst und das auf hohem Niveau. Dass sie sich begeistern können, hat mit dem Setting zu tun, in dem sie lernen, mit der Attraktivität der Lerngegenstände und mit der empathischen Zuwendung und Wertschätzung, die ihnen von Lehrerinnen und Lehrern zuteilwird.

Die Professionalität der Lehrenden zeigt sich in ihrer Kompetenz, Lernende zielorientiert und individuell lernen zu lassen. Dazu brauchen Sie nicht nur Fachexpertise, sondern auch Lernexpertise und ganz besonders Empathie: Sich einlassen können und wollen auf diejenigen, die da sind. Theodore Roosevelt wird das Zitat zugeschrieben: „People don't care how much you know until they know how much you care." Geradezu ein Leitspruch für Lehrerinnen und Lehrer, die ihren Schülerinnen und Schülern Lernen ermöglichen wollen.

Unterricht

Der Duden versteht Unterricht als „planmäßige, regelmäßige Unterweisung Lernender durch eine/n Lehrende/n“. Lehrende „geben“ Unterricht und Lernende „nehmen daran teil“. In diesem Wortsinn liegt die Aktivität ganz klar beim Lehrenden. Wir wünschen uns im Unterricht eine hohe Schüleraktivität. Die Lehrerinnen und Lehrer sind als Unterrichtende in unterschiedlichsten Rollen unentbehrlich. Wir möchten sie aber immer weniger in der klassischen Rolle derjenigen sehen, die anderen Unterricht **„erteilen“, die sie über etwas „unterrichten“, sie gar „unterweisen“**. Wir empfehlen dem Duden folgende Definition: „Unterricht ist die planmäßige, regelmäßige Organisation von aktiven Lernmöglichkeiten für Lernende durch Lehrende.“ Dann ist klar, dass das Ganze für die Lernenden geschieht und die Lehrenden für die Organisation und einen reibungslosen Ablauf verantwortlich sind. Wir wünschen uns Lehrende, die Lernenden auf Augenhöhe begegnen. Eine Top-down-Kommunikation halten wir nicht für zielführend, weil uns gleichzeitig wichtig ist, dass Schülerinnen un Schüler lernen, Verantwortung für sich und ihren Lernprozess zu übernehmen.

Die fachwissenschaftliche Kompetenz von Lehrerinnen und Lehrern ist für uns besonders gut genutzt, wenn sie in die Ausarbeitung differenzierter Lernmaterialien einfließt. Wir halten es für ideal, wenn Lehrerinnen und Lehrer einer Schule eine gemeinsame Plattform haben, auf der sie ihr Material verwalten. Es gibt abgestimmte Vereinbarungen und Zuständigkeiten darüber, wer welches Material auf dem neuesten Stand hält und wie es weiter ausgebaut werden soll. So können alle das individuelle Expertenwissen aller nutzen und auf kollegialer Ebene voneinander profitieren. Darüber hinaus entsteht ein Austausch über Inhalte und Ziele des Unterrichts und somit Transparenz darüber, was gelernt werden soll. Je nach Schulform ist eine Kooperation im Klassenteam, im Jahrgang, in Jahrgangsstufen, in der Fachgruppe oder in Projektgruppen denkbar. So bleibt mehr Zeit für individuelle Förderung.

Fachwissenschaftliches Know-how wird auch in der fachlichen Beratung und Unterstützung der Schülerinnen und Schüler gebraucht, individuell oder in Gruppen. Selbstverständlich sind Lehrerinnen und Lehrer als Expertinnen und Experten gefragt, wenn es darum geht, im Unterricht für ein Thema zu begeistern. Einstiege, Anfänge, unbekannte Phänomene – Fachwissen und die authentische Liebe zum eigenen Fach sind ohne Zweifel Katalysator, wenn die Neugier geweckt werden und der Funke für das Thema überspringen soll. So kann Energie erzeugt werden, die ein selbstständiges, lust- und freudvolles Weiterlernen ermöglicht.

In die Konzeption von Lernsituationen fließt die Kompetenz zur Initiierung und Gestaltung von Lernprozessen ein. Sie variieren in ihrem Komplexitätsgrad, je nach Lerngruppe. Grundschülerinnen und -schüler brauchen andere Lernsituationen als Jugendliche oder Erwachsene. Die Lernsituationen sind so konzipiert, dass Schülerinnen und Schüler ganzheitlich kompetent werden können.

Sie eignen sich Wissen an, es kommt aber genauso auf Problemlösungen und Handlungsstrategien, auf Arbeitsorganisation und Kooperation mit anderen an. Auf jeden Fall können sie in den Lernsituationen einen Großteil der Zeit selbst aktiv arbeiten. Lernsituationen beantworten sofort die Frage nach dem Warum. Schülerinnen und Schüler wissen, wozu sie etwas lernen, wenn sie in komplexen Lernsituationen unterwegs sind. Aber nicht nur Lernsituationen müssen konzipiert werden, sondern auch Trainings- und Übungsphasen. Hier erarbeiten Lehrende Settings, in denen ihre Schülerinnen und Schüler auf individuellem Niveau ihre Kompetenzen ausbauen können. Dabei wird ihnen auch ermöglicht, miteinander und voneinander zu lernen.

Die Wochenunterrichtszeit ist so organisiert, dass sowohl Zeiten zum individuellen als auch zum kooperativen Lernen eingeplant sind. Die Schülerinnen und Schüler sind mental und körperlich in Bewegung und die meiste Zeit im Unterricht aktiv.

Den Lehrerinnen und Lehrern ist wichtig, dass ihre Schülerinnen und Schüler Lernprofis werden. Sie denken das Wie des Lernens in ihrer Unterrichtsplanung immer mit, damit die Schülerinnen und Schüler in der Lage sind, sich auch ohne Lehrerinnen und Lehrer neue Inhalte anzueignen. Eine der wichtigsten Rollen von Lehrerinnen und Lehrern ist für uns die der Lernbegleitung. Sie sind Experten für ihr Fach, genauso wie für das Lernen.

Es braucht Empathie in der Lernbegleitung, um sich auf jede einzelne Schülerin und jeden einzelnen Schüler einzustellen. Es braucht die Bereitschaft und Fähigkeit, Stärken und Entwicklungsbereiche zu sehen, um gezielt fördern zu können. Selbstverständlich braucht Lernbegleitung einen zeitlichen und räumlichen Rahmen. Würde der Begriff nicht so medizinisch klingen, sprächen wir hier wohl von Diagnostik. Einer ärztlichen Diagnose geht eine

Anamnese voraus. Wir schlagen für den schulischen Kontext vor, Tests und Einstufungen auf das Allernötigste zu beschränken. Für uns wäre es ideal, möglichst alles Messen und Wiegen von Schülerkompetenzen durch empathische Wahrnehmung und Beobachtung der einzelnen Lernenden zu ersetzen. Die Rückkopplung findet in ebenso empathischen Gesprächen statt. Auch Ärzte wissen heute, dass sie mit einem Gespräch oft mehr bewirken könnten als mit Labor und Apparatemedizin.

Das angestrebte Ziel bleibt so auch im Blick und ein Einsortieren in Schubladen wird weitestgehend vermieden. Alle sollen sich richtig fühlen, so wie sie sind. Eine gute Lernbegleitung wird dafür sorgen, dass Schülerinnen und Schüler sich ihren Fähigkeiten entsprechend weiterentwickeln können. Ihnen werden individuelle Erfolge ermöglicht. Gleichzeitig sollte immer Transparenz über die Höhe der Latte herrschen, die zu überspringen ist.

Kann eine Lehrerin oder ein Lehrer das alles leisten? Wir meinen: ja. Aber alles zu seiner Zeit, nicht alles auf einmal. Im Idealfall auch nicht allein, sondern im Lehrerteam.

Wir denken Unterricht von den Schülerinnen und Schülern her und planen ihn so, dass für sie ein nachvollziehbares, sinnvolles Ganzes entsteht. Das geht nicht, ohne die Schülerinnen und Schüler entsprechend ihrer Entwicklung in die Planung einzubeziehen und gemeinsam mit ihnen in einer Lernsituation die Schwerpunkte zu setzen. Dann hat das Lernen eine reelle Chance, nachhaltig zu sein.

Lehrerinnen und Lehrer müssen nicht in jeder Unterrichtsstunde in allen Rollen tätig sein. Je nach der Phase im Lernprozess haben sie unterschiedliche Hüte auf. Auch im Gespräch mit einzelnen Schülerinnen und Schülern übernehmen sie bisweilen unterschiedliche Rollen. Eine gewisse Flexibilität beim Wechseln der Rollen ist da von Vorteil.

Rückmeldungen

Sind wir nicht alle auf Rückmeldungen angewiesen, wenn wir uns weiterentwickeln wollen? Wohlwollendes Feedback, das die eigenen Stärken benennt und den Erfolg betont, macht stolz, stärkt das Selbstwertgefühl und motiviert. Mit diesem positiven emotionalen Polster fällt es leichter, die eigenen Schwächen als Entwicklungsbereiche anzunehmen und daran zu arbeiten. Die Erfolgszuversicht ist größer, wenn man bereits auf Gelungenes zurückblicken kann. Unser Eindruck ist, dass das Gelingen in der Schule oft als selbstverständlich hingenommen wird. Abgehakt! In Tests finden sich hinter richtigen und guten Antworten rote Haken. Wir vermuten, dass das Erfolgserlebnis unbewusst im Hintergrund bleibt und das Gelingen als solches gar nicht so recht wahrgenommen wird. Eher als ein Erfüllen von Anforderungen. Fehler und Misserfolge dagegen werden durchaus deutlicher benannt. Ein Hinweis darauf, dass die Anforderungen (noch) nicht erfüllt wurden, ist dennoch wichtig. Entscheidend ist aber die Art und Weise der Rückmeldung.

Welche Konsequenz folgt aus einem nicht optimalen Ergebnis? Geht es gleichzeitig um einen individuellen Entwicklungsweg, das Ziel doch noch zu erreichen? Oder bleibt am Ende ein Gefühl des Scheiterns übrig? Es ist eine Frage der Perspektive. Wird grundsätzlich gesehen, was da ist, oder wird eher gesehen, was nicht da ist? Wir unterstellen, dass Lehrerinnen und Lehrer in so gut wie allen Fällen an ETWAS anknüpfen können, was als Ressource vorhanden ist. Die Herausforderung besteht darin, Rückmeldungen so zu gestalten, dass die Schülerin oder der Schüler daran wachsen kann, und dieses Wachstum dann behutsam zu begleiten. Wir erleben das als eine sehr erfüllende Aufgabe. Es ist manchmal durchaus schwierig, konsequent tatsächlich das Gelingen zu benennen, sei der Teilerfolg auch noch so klein. Bei langsamen und geringen Lernfortschritten braucht es Geduld, Gelassenheit, Zuversicht und die Einsicht, dass nur aus Erfolgserlebnissen die Kraft für das Weiterlernen entstehen kann.

Die Arbeit an den eigenen Entwicklungsbereichen muss sich machbar anfühlen. Es ist schwer, sich in Bewegung zu setzen, wenn die Hürde als zu hoch erlebt wird. Da scheint doch der Misserfolg vorprogrammiert zu sein. In enger Rückkopplung können die machbaren Schritte ausgelotet werden. Noch besser gelingt das mit einem attraktiven Ziel am Ende des Weges, das zu erreichen sich lohnt und das immer im Blick behalten werden kann. Dies ist insbesondere auch für diejenigen Schülerinnen und Schüler wichtig, die sehr schnelle Lernfortschritte machen und intellektuell bisweilen weit über das beschriebene Bildungsziel hinaus Herausforderungen brauchen. Sie drohen zwar nicht zu scheitern, aber es drohen doch Langeweile und Leerlauf. Auch das kann demoralisierend sein.

Ressourcenorientierte Feedback-Routinen in einer Atmosphäre des Vertrauens und der Offenheit gehören für uns zu den wertvollsten Bestandteilen gelingender Lernprozesse und Bildungsbiografien. Wenn sich jeder mit seinen Eigenarten, Stärken und Entwicklungsbereichen angenommen fühlt, wird Feedback für die persönliche Weiterentwicklung wirksam. Es hat viel mit dem Verhalten und den verbal und nonverbal kommunizierten Prioritäten der Lehrerinnen und Lehrer zu tun, ob dieses Klima entstehen kann. Im Spannungsfeld zwischen individueller Förderung und Erfüllung von Bildungsstandards fühlen sich Lehrerinnen und Lehrer bisweilen so, als zöge an beiden Seiten jemand an ihnen und als würden sie buchstäblich innerlich zerrissen. „Kinder und Jugendliche erkennen ihre Potenziale in den Spiegelungen der Erwachsenen [...]. Wenn [ein Kind] diese Spiegelungen wahrnimmt, kommt es zu etwas Magischem: zu Resonanz. Mittels Resonanz zwischen Erwachsenen und Schülern werden Neugier und Begeisterung übertragen. Um das Kind auf den langen Durststrecken der Unlust auf dem Weg zu Bildungszielen zu motivieren, bedarf es der zwischenmenschlichen Beziehung und einer durch sie ausgelösten Resonanz“ (Bauer, 2008). Für uns wird hier die große Verantwortung von Lehrerinnen und Lehrern deutlich, allein schon für ihre Gedanken den Schülerinnen und Schülern gegenüber, nicht nur für ihr Handeln.

Die empathische Wahrnehmung von Schülerverhalten schützt vor destruktiven Resonanzbeziehungen. Gedanken über Misserfolg, Scheitern, Stören und Fehlverhalten können umgedeutet werden, bevor sie in eine konkrete Rückmeldung münden. Die empathische Wahrnehmung ist der Filter, immer mit dem Ziel eine positive Beziehung zu gestalten. Auf dieser Grundlage kann aktiv und konstruktiv mit ihnen herausgearbeitet werden, mit welchem Verhalten und welchen Strategien Ziele am besten zu erreichen sind. Ein Repertoire an Feedback-Varianten gehört unseres Erach-

tens ins Handgepäck für die lange Reise einer individuellen Lernbegleitung.

Beurteilungen und Prüfungen sind ebenso Teil des pädagogischen Handwerks wie das Feedback. Leistungsbewertung in der Schule hat einen hohen Anspruch, zum Beispiel im Hinblick auf das Niveau, die Chancengerechtigkeit, die Transparenz der Leistungserwartung, die Vergleichbarkeit der Ergebnisse. Neben den standardisierten Rückmeldungen über Beurteilungen und Prüfungen, die sich am Bildungsziel orientieren, haben die Schülerinnen und Schüler ein Recht auf Rückmeldungen über ihren individuellen Kompetenzerwerb. Nur so können sie Verantwortung für ihren eigenen Lernprozess übernehmen.

Das Spektrum möglicher Leistungsnachweise in der Schule hat sich im Zuge einer stärkeren Individualisierung im Unterricht und einer stärkeren Betonung überfachlicher Kompetenzen erweitert. Das reine Abfragen von auswendig gelerntem und daher meist nur kurzfristig verfügbarem Faktenwissen verschwindet nach und nach in der Mottenkiste des schulischen Prüfungsalltags. Stattdessen rückt beim Erstellen von Prüfungen die geforderte Auseinandersetzung mit konkreten Fällen und das kreative und lösungsorientierte Arbeiten an komplexen Problemstellungen mehr in den Mittelpunkt. Es sind Kompetenzen gefragt, die ein intelligentes Üben voraussetzen, einen versierten Umgang mit Überblicksmethoden erfordern und die in kooperativen Prozessen erworben und ausgebaut werden.

Kompetenz zeigt sich im Handeln in einer konkreten Situation. Sie zeigt sich auch in einer Analyse- und Problemlösungsfähigkeit, in der systematischen Anwendung und im Transfer erworbenen Wissens und nicht zuletzt im kreativen Umgang mit Neuem und Unerwartetem (Stern, 2010). Test und Klassenarbeit verlieren ihre herausragende Bedeutung bei der Bewertung der Lernergebnisse zugunsten anderer Formen der Überprüfung, die neben den an den Bildungsstandards orientierten Zielen auch den individuellen Lernfortschritt mehr in den Blick nehmen und würdigen. Stern bietet einen interessanten Überblick über Trends und Methoden der „Förderlichen Leistungsbewertung".

Wir wissen, dass in einigen Schulen das Thema Leistungsbeurteilung zu den wichtigsten gehört. Lehrerinnen und Lehrer sammeln Teilleistungen ein und benoten sie. Alles wird miteinander verrechnet und am Ende steht eine Zahl zwischen 1 und 6. Aber haben sie ihren Job gut gemacht, nur weil am Ende eine dieser Zahlen in den Zeugnisblättern steht? Wir möchten an dieser Stelle keine Diskussion über Sinn und Unsinn von Noten in der Schule anfangen. Notengebung ist Teil des Schulalltags und das wird sich auch so schnell nicht ändern. Wir finden die Frage nach ihrem Sinn wichtig, aber hier nicht zielführend. Dass Lehrerinnen und Lehrer auch Interferenz- und Beurteilungsfehler machen, ist bekannt. Ebenso, dass ein- und dieselbe Arbeit von unterschiedlichen Kollegen sehr unterschiedlich beurteilt wird (Stern, 2010). Wir sind Menschen und machen Fehler, das ist normal. Unter anderem deshalb glauben wir, dass die Notengebung in der Schule nicht überbewertet werden darf. Ministerielle Vorgaben lassen sich erfüllen, auch ohne dass sich der Schulalltag fast ausschließlich um Noten und Leistungsüberprüfung dreht. Das ist eine Frage der schulinternen Kommunikation und Prioritätensetzung.

Lernbegleitung und Beurteilung durch ein und dieselbe Person mag ein systemischer Widerspruch sein. Lehrerinnen und Lehrer müssen mit dem Dilemma umgehen, dass sie im Alltag beides leisten sollen. Je mehr wir im Zuge einer sich auf zukünftige Herausforderungen einstellenden Schule auf individuelle Förderung und Problemlösekompetenzen setzen, desto mehr Raum nimmt die Lernbegleitung im Alltag ein. Da die Formen der Beurteilung von Schülerleistungen vielfältiger werden, brauchen Schülerinnen und Schüler Klarheit über die Vielfalt der Rückmeldungen und Klarheit über die Rolle, aus der heraus ihre Lehrerin oder ihr Lehrer ihnen eine Rückmeldung gibt.

Wir möchten anregen, das individuelle Spektrum der Rückmeldungen zu überprüfen und gegebenenfalls zu erweitern. Der beste Motivator im Unterricht sind Erfolge. Es fühlt sich gut an, wenn etwas gelingt und man kann davon eigentlich nicht genug bekommen. Das Gehirn signalisiert Freude. Dieser Zustand ist zutiefst erfüllend. Was ein Erfolg im Unterricht ist, muss in heterogenen Gruppen individuell definiert werden. Oft wird einem Schüler erst durch die Rückmeldung des Lehrers klar, dass er erfolgreich gearbeitet hat. Er selbst sieht seine Leistung vielleicht nur im Vergleich mit seinem Nachbarn, der viel schneller arbeiten kann als er selbst. Das führt dazu, dass er seine eigenen Erfolge im schlimmsten Fall gar nicht wahrnimmt. Sie denken vielleicht: „Wir können doch nicht jeden noch so kleinen Fortschritt schon als Erfolg verkaufen? Da machen wir uns und den Schülern doch was vor, schließlich müssen sie Ziele erreichen!“ Ja, das müssen sie. Und wir begleiten sie dabei.

Selbstverständlich ist Zielklarheit und die Transparenz der Leistungserwartungen wichtig. Wie diese hergestellt werden, ist eine Frage der Kommunikation. Wird Druck aufgebaut oder ist Gelassenheit und Zuversicht spürbar, weil individuell machbare Ziele anvisiert werden?

Rahmenbedingungen

Lehrerinnen und Lehrer treffen jeden Tag, unabhängig von äußeren Rahmenbedingungen, vielfältige Entscheidungen für ihren Unterricht: Sie wählen Themen und Methoden aus, bereiten sich inhaltlich und didaktisch vor, erstellen Unterlagen und schaffen ein passendes Setting. Mit ihrer Persönlichkeit und ihrem Bildungs- und Erziehungsstil prägen sie sowohl das Klima als auch die Lernkultur in der Klasse.

Im Rahmen des vorgegebenen Curriculums können Lehrerinnen und Lehrer in ihrem Unterricht viele Freiräume nutzen, um Lernen zu gestalten. Sie entscheiden, wie sie ihre Schülerinnen und Schüler an der Planung des Unterrichts beteiligen. Sie entscheiden auch, in welcher Form und mit welchen Methoden sie Rückmeldungen geben und sich selbst ein Feedback einholen.

Da Unterricht oft noch hinter verschlossenen Türen stattfindet, bleibt das Unterrichtsgeschehen weitgehend anonym. Die Lehrerinnen und Lehrer im Klassenteam, im Jahrgangsteam, der Abtei-

lung oder in der gesamten Schule können sich entscheiden, diese Anonymität teilweise oder sogar ganz aufzuheben. Sie entscheiden, wie weit sie sich im Team miteinander über den Unterricht und ihre Schülerinnen und Schüler austauschen, ob sie den Unterricht im Team vorbereiten, ob sie fächerübergreifend oder integrierend arbeiten wollen. Auch hier lassen die Rahmenbedingungen Freiräume.

Darüber, ob Lehrerinnen und Lehrer den Schritt vom „Ich und meine Klasse" zum „Wir und unsere Schule" gehen wollen, entscheiden sie selbst. Dieser Schritt ist immer dann notwendig, wenn sie bei der Veränderung ihres Unterrichts im Interesse ihrer Schülerinnen und Schüler an Grenzen stoßen. Schulen in der Demokratie sollten immer demokratische Schulen sein – in den Schulgesetzen der Länder ist dies in der Regel auch so angelegt. Schulleitungen leiten die Schule auf der Basis der Beschlüsse der Lehrerkonferenz. Vergleichbares gilt für Abteilungen innerhalb der Schule. Neben der Lehrerkonferenz gibt es im System Schule weitere Gremien, die an den Entscheidungsprozessen beteiligt werden können oder müssen, zum Beispiel den Personalrat, den Schülerrat, den Elternrat.

Innerschulische Grenzen können zum Beispiel die 45-Minuten-Taktung des Unterrichts oder der Stundenplan sein. Auch Konferenzen, die oft von Bürokratie und Mitteilungen geprägt sind und wenig oder keinen Raum lassen für Diskussionen zur Qualität von Schule und Unterricht, können als Grenze erlebt werden. In diesen Fällen gilt es, innerhalb der Schule Verbündete zu finden und in Konferenzen um Mehrheiten für einen Schul- und Lernkulturwandel zu werben. Wenn die Mehrheit noch zögert, kann mit der Schulleitung und über einen Konferenzbeschluss eine Experimentierklausel eingeführt werden. Die oben genannten Gremien, die in der Schulverfassung zum Teil weitreichende Mitspracherechte

haben, können dabei sehr hilfreich sein. So bekommt ein Team oder eine Abteilung die Möglichkeit, für einen bestimmten Zeitraum Unterricht nach eigenem Konzept zu verändern. Solche innovativen und erfolgreichen Keimzellen waren vielerorts der erste Schritt, die Lernkultur einer Schule zu verändern. Information, Kommunikation und Beteiligung sind dabei schon in der Planungsphase wichtig, werden unverzichtbar in der Umsetzungsphase und sollten in der Evaluationsphase selbstverständlich sein.

Schulleiterinnen und Schulleiter sind für nachhaltige Veränderungen im System Schule von besonderer Bedeutung. Sie sollten auf dem aktuellen Stand der Lernforschung sein, klare Zielvorstellungen für die Weiterentwicklung der Lernkultur ihrer Schule haben und mit allen Betroffenen gemeinsam die Zieldiskussion führen. Gegenüber der zuständigen Behörde sollten sie die in ihrer Schule vereinbarten Ziele offensiv vertreten können. Damit Schulen die Schulentwicklung selbst in die Hand nehmen können, brauchen sie eine Kultur der Transparenz, Kommunikation und Beteiligung. In demokratischen Schulen ist das eine Selbstverständlichkeit. Alle Informationen, auch die aus den zuständigen Behörden, sind allen Beteiligten zugänglich. Auf der Basis von Transparenz kann in Konferenzen und mit allen Gremien über Ziele und Wege diskutiert und entschieden werden. Besonderes Gewicht hat dabei die angemessene Beteiligung der unmittelbar Betroffenen – der Schülerinnen und Schüler!

Schul- und Unterrichtsentwicklung braucht immer wieder Anstöße von außen. Werden wichtige Anstöße, beispielsweise aus Wissenschaft und Forschung, nicht bemerkt, richten sich Schulen dauerhaft in ihrer Komfortzone ein und kennen ihre blinden Flecken nicht. Bandura spricht hier von „unbewusster Inkompetenz“ (Bandura, 1963). Schulen büßen an Professionalität ein, merken es möglicherweise aber gar nicht und schieben das steigende

Unwohlsein im System zum Beispiel auf unzureichende Rahmenbedingungen und unabänderliche Einflüsse von außen. Es ist leicht zu verkennen, dass das gefühlte Unwohlsein auch mit einer nicht erfolgten Anpassung des Systems an veränderte Bedingungen zu tun haben kann.

Gewohntes Terrain zu verlassen, ist immer mit Unsicherheit verbunden. Wird Veränderungsbedarf sichtbar, müssen die bekannten Pfade verlassen und neue Routinen trainiert werden. Das erfordert Übung, kostet Energie und verlangsamt zunächst einmal das System. Die Lernphase der „bewussten Inkompetenz" fühlt sich an wie eine Rüttelstrecke – das ist sehr unbequem. Danach ist der Weg frei, über die „bewusste Kompetenz" zur „unbewussten Kompetenz" zu gelangen. Jetzt hat sich die neue Routine etabliert. Auf dem Laufenden bleiben heißt, immer wieder die Komfortzone zu verlassen und bewusst Rüttelstrecken zu fahren. Das Leitungshandeln in einer Schule hat nach unserer Erfahrung viel mit der Bereitschaft von Lehrerinnen und Lehrern zu tun, notwendige Veränderungen in Angriff zu nehmen.

„Kritische Freunde" von außen können ebenfalls Anstöße geben. Als Kritische Freunde kommen verschiedene Menschen und Institutionen infrage. Auch eine Schulinspektion kann diese Funktion übernehmen, Lehrerinnen und Lehrer anderer Schulen oder Experten zu einem Thema. Wirksam können diese externen Rückmeldungen für eine Schule nur sein, wenn die handelnden Personen sich öffnen, ihre Prozesse und Ergebnisse selbstkritisch reflektieren, sich ihrer Stärken bewusst werden und sich auf den Weg machen, die erkannten Schwachstellen in Angriff zu nehmen.

Wir weisen immer wieder auf die großen Freiräume hin, die Lehrerinnen und Lehrer allein oder im Team haben, um das Lernen zu gestalten und Unterricht im Interesse der Lernchancen der Schü-

lerinnen und Schüler nachhaltig zu verändern. Es braucht den Mut der Beteiligten vor Ort, sich die eine oder andere Freiheit auch einfach mal zu nehmen. Oft entsteht das Gefühl, dass die von den staatlichen Instanzen gesetzten Rahmenbedingungen so stark einengen, dass für gute Schule und guten Unterricht kaum noch Spielraum und Zeit bleibt. Dieses Gefühl wird dadurch verstärkt, dass Politik und Ministerien dazu neigen, ohne Diskussion und Top-down zu verordnen. Das betrifft in Zeiten angeblich klammer Kassen insbesondere alle Fragen, die mit zusätzlichen Finanzmitteln verbunden sind: Klassenfrequenzen, Lehrerversorgung, Gestaltung der Schulen und Klassenräume, Arbeitszeit und Gehalt, Ressourcen für Reformen ...

Nach dem Pisa-Schock waren die Kultusministerien dazu übergegangen, die Verantwortung für gute Schule und guten Unterricht an „selbstverantwortete Schulen" zu delegieren. Aufgabe des Staates ist es unter diesen Bedingungen nur noch, neben der Fach- und Rechtsaufsicht die Norm für gute Schule und guten Unterricht zu definieren und die Ergebnisse zu überprüfen. Dieser Wechsel von der Input- zur Outcome-Steuerung müsste eigentlich mit weitgehenden Freiräumen einhergehen. Nur wenn die Schulen selbst an den entscheidenden Stellschrauben drehen dürfen, können sie auch die Verantwortung für die Ergebnisse ihrer Arbeit übernehmen. Dass sich dies in der Praxis noch nicht überall durchgesetzt hat, wissen wir. Ist es ein Zeichen von Misstrauen gegenüber ihren Schulen, dass Ministerien immer wieder in ihre alten Verhaltensweisen verfallen und den Schulen Detailvorschriften machen?

In allen Ländern werden Schulen – in der Regel durch nichtstaatliche Organisationen – für herausragende Leistungen ihrer Schülerinnen und Schüler ausgezeichnet. Alle diese Leuchtturmschulen haben Gemeinsamkeiten: Die Schulleitung hatte mit allen betei-

ligten Gremien ein gemeinsames Ziel erarbeitet, sich einen Weg hin zu diesem Ziel überlegt und diesen Weg unbeeindruckt von äußeren und inneren Rahmenbedingungen gemeinsam mit ihnen verfolgt. Basis ihrer Reformen waren immer die Reflexion von Lernverhalten und Lernerfolg ihrer Schülerinnen und Schüler im Verhältnis zu deren Potenzial. Die Prozesse sollten so gestaltet sein, dass sie zu den Schülerinnen und Schülern passen – und nicht umgekehrt. In den Schulen wurde der Unterricht zum Beispiel auf den 90-Minuten-Takt umgestellt oder die starren Unterrichtszeiten wurden ganz aufgehoben. Fächer wurden zu größeren Einheiten zusammengefasst, Selbstlernzeiten eingeführt, zum Teil im Klassenverband, zum Teil klassen- und jahrgangsübergreifend. Viele Schulen wurden auf Ganztagsbetrieb umgestellt. Die Lehrerinnen und Lehrer arbeiten in Teams, der Unterricht wird gemeinsam geplant und reflektiert. Regelmäßige interne und externe Evaluationen ermitteln die Stärken und Schwächen der Schulen und führen zu weiteren Reformschritten. Diese Schulen zeichnen sich durch eine hohe Zufriedenheit aller am System Beteiligten aus. Nicht zuletzt auch die Auszeichnung für ihre Leistungen machen Lehrerinnen und Lehrer stolz auf ihre Arbeit und halten sie gesund (Schratz, 2012).

Bei Veränderungen ist immer mit Widerständen zu rechnen – intern und extern. Widerstände müssen nicht negativ bewertet werden. Sie sind ein notwendiger und wertvoller Bestandteil jedes Veränderungsprozesses, in dem alte Denk- und Verhaltensmuster überprüft, verändert oder sogar aufgegeben werden. Bedenken schützen auch vor vorschnellen Entscheidungen, sie laden zum Innehalten ein und fordern auf, den Nutzen für die Beteiligten überzeugend herauszuarbeiten. Das kann für den Gesamtprozess sehr hilfreich sein. Ohne eine deutlich spürbare positive Resonanz haben Veränderungen in Schulen, in denen Lehrerinnen und Lehrer letztlich autonom im Klassenraum agieren,

wenig Aussicht auf nachhaltigen Erfolg. Einige stürmen voraus, andere zögern noch und dann gibt es immer auch eine Gruppe, die Reformen zunächst grundsätzlich ablehnt. Es braucht Akzeptanz auf allen Seiten. Die Vorausstürmenden brauchen die Akzeptanz der Zögernden und die Zögernden brauchen genauso die Akzeptanz der Vorausstürmenden. So kann sich Schritt für Schritt die Lernkultur einer Schule verändern. Experimentierklauseln können Teil des Leitbildes einer Schule sein.

Schwieriger sind die Widerstände gegen Veränderungsprozesse aus Politik und Ministerialbürokratie zu überwinden. Einerseits versucht die Politik – gedrängt von Wissenschaft, Forschung und der interessierten Öffentlichkeit – dem gesamten Schulsystem und damit allen Schulen, Reformen zu verordnen. Die geringe Wirksamkeit derartiger Reformen zeigen nicht zuletzt die PISA-Studien immer wieder neu. Top-down reformieren funktioniert nicht bzw. nur eingeschränkt und unendlich langsam. Nun sollte man meinen, dass Bottom-up, also Reformen, die vor Ort in den selbstverantworteten Schulen projektiert werden, auf Unterstützung von oben hoffen dürfen – dass dem nicht unbedingt so ist, müssen Schulen immer wieder erfahren. Die Angst der Politik und der Ministerialbürokratie vor einer möglichen Störung des Schulfriedens ist leider oft größer als die Bereitschaft, sich auf emanzipierte Schulen einzulassen.

Hier wird ein Systemfehler deutlich: Bürokratische Hierarchien verhindern Reformen. Jedes gesunde System braucht Reformen, um überlebensfähig zu bleiben. In gesunden Unternehmen werden die Kreativen und Innovativen gesucht, die zum *Thinking out of the box* fähig sind. In Beamtensystemen wird der Schritt von der Arbeit im System zur „Arbeit am System“ oft als Regelverstoß gewertet. Je bürokratischer Menschen in einem System agieren, desto blockierter ist das Gesamtsystem. Das ist umso paradoxer, als Schulen ihre Schülerinnen und Schüler zu Kreativität und die künftigen Staatsbürger zur „Arbeit am System“ ermutigen, dies aber nicht vorleben sollen.

Andererseits machen mutige Schulleitungen und selbstbewusste Schulen die Erfahrungen, dass ihr Freiraum für Veränderungen viel größer ist, als sie oft selbst glauben – vorauseilender Gehorsam ist also unangebracht. Die Sanktionsmöglichkeiten insbesondere gegenüber verbeamteten Untergebenen sind äußerst gering. Selbst begrenzte Regelüberschreitungen lassen sich mit nachweisbar optimierten Lernerfolgen der Schülerinnen und Schüler im Nachhinein legitimieren. Sind die Regelüberschreitungen innerhalb des Systems Schule mit allen Anspruchsgruppen abgestimmt und gibt es darüber hinaus externe Unterstützung, zum Beispiel in Form einer wissenschaftlichen Begleitung, kann den Schulleitungen und Schulen wenig passieren. Glücklicherweise gelten in allen Bundesländern mittlerweile staatliche Normsetzungen, die auf die Zukunft hin formuliert für Schule und Unterricht ideale Standards beschreiben. Nichts anderes wollen fortschrittliche Schulen mit ihren Reformen verwirklichen.

Wer sich auf den Weg macht, seine Schule zu verändern, kann sich auf eine starke legitimatorische Basis berufen: die Grundprinzipien der Demokratie, die in den Verfassungen verankerten Grund- und Menschenrechte, die Schulgesetze und die staatliche Normsetzung für gute Schule und guten Unterricht. Insofern verwundert es nicht, dass alle Leuchtturmschulen sich durch den Mut der Beteiligten auszeichnen, eingefahrene Gleise zu verlassen, Neues auszuprobieren und dabei die Freiräume intensiv auszunutzen und auch vor begrenzten Regelverstößen nicht zurückzuschrecken. Wir haben die Erfahrung gemacht, dass Politik und Verwaltung lernfähig sind: Verstöße wurden bei all unserem kreativen Umgang mit Regeln nachträglich legalisiert, weil sich gute

Praxis eben doch durchsetzt. Indem auch das System ehedem systemwidriges Verhalten nachträglich legalisiert, zeigt es seine Lernfähigkeit.

Gesundheit

Politik bzw. die Verwaltung greifen immer wieder in das operative Geschäft von Schulen ein: Sie ordnen an, fordern auf, regeln Abläufe bis ins Detail und übertragen ihnen bei fast jedem gesellschaftlichen Konflikt neue Aufgaben. Ergebnis: Das System Schule und die Menschen darin bekommen immer mehr zu tun und fühlen sich folglich immer stärker belastet, da in der Regel eine entsprechende Ressourcenzuweisung ausbleibt. Aus der „Salutogenese", dem Konzept zur Entstehung und Erhaltung von Gesundheit (Antonovsky, 1997), können wir ableiten: Schulen, die über ihr Leitbild gemeinsame Werte teilen, in denen alle an einem Strang ziehen, der kollegiale Austausch selbstverständlich und die Reflexion sowohl über Erfolge als auch Misserfolge möglich ist, werden mit Belastung souveräner umgehen können.

Eine hohe Beziehungsqualität zwischen Kolleginnen und Kollegen untereinander und zu ihren Schülerinnen und Schülern ist spürbar – Kommunikation findet auf Augenhöhe statt. Sie ist von Klarheit und Respekt geprägt. Lehren und Lernen kann nur in angstfreiem Raum erfolgreich funktionieren. Dies führt dann auch dazu, dass sowohl Erfolge geteilt werden können als auch Scheitern artikuliert und damit gemeinsam getragen werden kann. In einem gesunden System wird der Einzelne von der Gemeinschaft unterstützt, wenn er selbst glaubt, die Last nicht mehr tragen zu können. Dies setzt im Alltag einen hohen Grad an Achtsamkeit im kollegialen Umgang miteinander voraus. Hier ist insbesondere auch die Schulleitung gefordert.

Gerade im Konfliktfall zeigen sich die Stärken eines Systems mit hoher Beziehungsqualität. Wir sind alle Menschen und Menschen machen Fehler. In dieser Situation gilt es, schnell und professionell zu intervenieren: Die Einzelnen werden aufgefangen, Lösungen werden gemeinsam gesucht, bei Bedarf wird externe Unterstützung hinzugezogen. Das interne Beratungs- und Unterstützungsangebot ist etabliert, externe Hilfe steht zur Verfügung. In solchen Situationen ist insbesondere die Schulleitung gefordert: Sie hat möglichst immer eine offene Tür, stellt sich vor die Kolleginnen und Kollegen und hält ihnen den Rücken frei. Respektvolle Kommunikation auf Augenhöhe ist der Standard. All dies gilt in gleichem Maße auch für Schülerinnen und Schüler. In einem solchen System gibt es ein Grundvertrauen, die Voraussetzung dafür, dass in Konfliktsituationen offen und lösungsorientiert kommuniziert wird.

Doch nicht nur das System Schule kann seine Mitglieder gesund halten. Auch jede und jeder Einzelne kann daran arbeiten, im Beruf gesund zu bleiben. Der Blick auf die eigene Arbeit wird dann als Last empfunden, wenn der Fokus immer auf dem noch zu erledigenden „Rest“ liegt, der als Sisyphusarbeit empfunden wird. Dabei sind wir es selbst, die entscheiden, ob wir stolz auf das Erledigte sind oder uns vom noch zu Erledigenden erdrücken lassen. Wenn wir uns überlastet fühlen, macht es Sinn, den Anspruch an uns selbst zu überprüfen. Bin ich es, der sich überlastet, oder ist es das System? Was kann ich ändern? Wie kann ich mich selbst entlasten? Was kann gestrichen werden?

Natürlich wissen wir, dass wir selbst für ein ausgewogenes Verhältnis von Arbeit und Freizeit sorgen müssen – die Work-Life-Balance! Der Arbeitsplatz Schule, wie die Arbeit in allen sozialen Berufen, kann Menschen mit Haut und Haaren auffressen. Wir sind es, die für Entspannung sorgen müssen, wir brauchen einen schulfreien Raum zum Auftanken, Zeit mit der Familie, im Freundeskreis, für Kultur, für Sport, für Hobbys, für Urlaub. Das ausgewogene Verhältnis von Spannung und Entspannung hält uns gesund. Sympathikus und Parasympathikus sind die entsprechenden Gegenspieler im zentralen Nervensystem. Sind wir ständig in Anspannung – unter Strom – fordert der Parasympathikus irgendwann sein Recht auf Gleichgewicht ein. Erst werden kleine Signale gesendet, eine Verspannung im Nacken, Zähneknirschen in der Nacht, dann werden die Signale deutlicher und ignorieren wir sie weiter, kann es zum Zusammenbruch kommen. Die Somatisierung psychischer Belastungen hat einen festen Platz in unserer Alltagssprache: „Das schlägt mir auf den Magen.“ „Das geht mir an die Nieren.“ „Da bleibt mir die Luft weg.“ „Der hat sein Kreuz zu tragen.“ „Eine schwere Last auf ihren Schultern.“ „Da wird mir ganz schwindelig.“

Aus dem Modellprojekt Lehrergesundheit der Universität Lüneburg wissen wir, dass insbesondere zwei Gruppen von Lehrerinnen und Lehrern burnoutgefährdet sind: Einerseits diejenigen mit exzessivem Anspruch an sich selbst und ebenso hohem sozialen Engagement für die Schülerinnen und Schüler – sie leiden u. a. besonders unter dem immer wieder unvermeidbaren Scheitern im Einzelfall. Andererseits diejenigen, die für ihr Fach brennen – und immer wieder die Erfahrung machen, dass ihre Schülerinnen und Schüler diesen hohen fachlichen Ansprüchen nicht gerecht werden können oder wollen. Für beide Gruppen gilt, dass sie integriert in einem von Kollegialität geprägten Klima der Schule und in funktionierenden Teams geerdet werden können. Nicht gefährdet sind gesundheitsbewusste Lehrerinnen und Lehrer mit hohem Engagement, die mit beruflichen Belastungen souverän umgehen können und im Beruf Zufriedenheit sowie im Kollegium Geborgenheit erleben (Nieskens et al., 2014).

Kollegien, die gemeinsam oder mit externer Unterstützung die Verantwortung für die Gesundheit ihrer Mitglieder zum Thema machen und aktiv krankmachende Faktoren im System identifizieren und verändern, haben die Chance, auch als System gesund zu bleiben. Auch hier braucht es den Mut, sich nicht von scheinbar Unveränderbarem abschrecken zu lassen. Wenn der Dienstherr seine Verantwortung für die Gesundheitsprophylaxe seiner Mitarbeiter nicht wahrnimmt bzw. mangels Kenntnis der konkreten Bedingungen vor Ort nicht wahrnehmen kann, liegt die Verantwortung bei den Akteuren selbst. Wenn die Rahmenbedingungen Menschen krank machen, müssen die krankmachenden Faktoren im System gemeinsam entdeckt und verändert werden. Nur ein gesundes Kollegium kann Lehren und Lernen so gestalten, dass Schülerinnen und Schüler ihr Potenzial optimal entfalten können. Sie haben ein Recht darauf, dass es ihren Lehrerinnen und Lehrern gut geht.

Die Positive Psychologie (Seligman, 2011) und die Forschungen zur Resilienz (Berndt, 2013) haben gezeigt, dass bereits das Nachdenken über Situationen und Personen das Wohlbefinden positiv oder negativ beeinflussen kann. Denken Lehrerinnen und Lehrer über ihre Schülerinnen und Schüler überwiegend negativ, gelingt es ihnen nicht, sie zu mögen, sie so, wie sie sind, wertzuschätzen und wohlwollend zu begleiten, dann macht das auf Dauer krank. Eigene Denkmuster zu ändern, ist eine große Herausforderung. Es kann gelingen, wenn die Bereitschaft da ist, eigenen hinderlichen Gedanken auf die Spur zu kommen und jedem negativen Gedanken konsequent einen positiven entgegenzusetzen. Das hört sich anstrengend an? Ist es auch. Aber es lohnt sich. Empathie ist geradezu eine salutogene Fähigkeit.

Ein Blick ins Bücherregal

Die folgenden Titel füllen bei uns einige Regalmeter. Die Autoren haben uns mit ihren Werken und Artikeln überzeugt, beeindruckt, die Augen geöffnet, die Perspektive wechseln lassen, beflügelt, inspiriert und bestärkt. Ihnen allen sagen wir Dank dafür! Wir haben uns erlaubt, einige Titel zu kommentieren.

Vielfalt / Individualität

Arnold, Rolf, Seit wann haben Sie das? Grundlinien eines emotionalen Konstruktivismus, Heidelberg, 2009.
Das Buch ist ein flott zu lesender Ritt durch die Theorie des radikalen Konstruktivismus. Kernfrage ist die Art und Weise, wie wir uns die Wirklichkeit konstruieren. Arnold arbeitet insbesondere die Bedeutung der Emotion bei der individuellen Wirklichkeitskonstruktion heraus. Ziel ist dabei, das eigene Fühlen und Handeln so zu verändern, dass wir dadurch die Situationen, in denen wir handeln, beeinflussen können. Übertragen auf Schule: Die Emotion, mit der Lehrerinnen und Lehrer in eine Klasse gehen, prägt das Lernen in der Klasse. Ein Reflektieren und Verändern der Emotion wirkt sich positiv auf den Unterricht aus.

Bauer, Joachim, Warum ich fühle, was du fühlst: Intuitive Kommunikation und das Geheimnis der Spiegelneurone, Hamburg, 2006.
Ausgehend von den noch gar nicht so lange bekannten Spiegelneuronen beschreibt Bauer Resonanzphänomene, die es uns ermöglichen, intuitiv richtig zu handeln. Diese Phänomene sind es, die uns auch zur Empathie befähigen. Die Chancen der Schule liegen in der Bedeutung zwischenmenschlicher Beziehungen, die einen großen

Anteil daran haben, dass Lernprozesse erfolgreich gestaltet werden können.

Foerster, Heinz von, Wahrheit ist die Erfindung eines Lügners, Heidelberg, 1999.

Groeben, Annemarie von der; Kaiser, Ingrid; Elbracht, Heidrun, Werkstatt Individualisierung, Hamburg, 2012.
Die Autorinnen stellen eine Vielzahl von Beispielen zur Umsetzung von individualisiertem Lernen im Unterricht vor. Alle Aspekte, von der Gestaltung des Raums, über die Differenzierung von Arbeitsmaterialien, die Lernbegleitung bis hin zur Beurteilung von Ergebnissen enthält diese Werkstatt jedes notwendige Werkzeug zur Erweiterung des eigenen Repertoires.

Harris, Thomas A., Ich bin o. k. – Du bist o. k., Einführung in die Transaktionsanalyse, und Harris, Ami Bjork; Harris, Thomas A., Einmal o. k. – immer o. k., Transaktionsanalyse für den Alltag, Doppelband, Hamburg, 2002.
Ein Einstieg in die Transaktionsanalyse. Eine der Grundannahmen der TA ist, dass jeder Mensch in Ordnung ist, so, wie er ist. Das Modell hilft bei der Reflexion und Professionalisierung des eigenen Kommunikationsverhaltens, insbesondere wenn man den eigenen Kommunikationsmustern auf die Spur kommen will.

Helmke, Andreas, Individualisierung: Hintergrund, Missverständnisse, Perspektiven, PÄDAGOGIK, 1/2013, S. 34–37

Hubrig, Christa; Herrmann, Peter, Lösungen in der Schule. Systemisches Denken in Unterricht, Beratung und Schulentwicklung, 2. korrigierte Auflage, Bern, 2007.
Die Autoren beschreiben sehr gut verständlich und nachvollziehbar aus systemischer Sicht Situationen in Unterricht, Beratung und

Schulentwicklung. Nicht zuletzt in Konfliktsituationen ist dieses Buch Gold wert. Noch dazu ist die Lektüre eine Freude.

Kindle-Beilfuß, Carmen, Fragen können wie Küsse schmecken. Systemische Fragetechniken für Anfänger und Fortgeschrittene, 4. unveränderte Auflage, Heidelberg, 2013.
Der Band liefert eine hervorragende Übersicht über Fragetechniken, die es erlauben, Veränderungen zu unterstützen. Jeder Lernprozess ist eine Veränderung. Die Autorin liefert Handwerkszeug für Beratungssituationen, Coaching und Begleitung.

Largo, Remo, Was verstehen wir unter Schulerfolg? Bildungskongress Schulen der Zukunft, Zürich 2013, Film, http://www.youtube.com/watch?v=rM2a8b8_s5c.
Remo Largo zeigt in diesem Film die Implikationen für das Lernen in der Schule auf, die sich unter anderem aus der Heterogenität der Schülerinnen und Schüler ergibt.

Muster-Wäbs, Hannelore, Individualisiert lernt man am besten gemeinsam; in: IHBS 2/2009, S.15–20.
http://www.hibb.hamburg.de/index.php/file/download/1105

Reich, Kersten, Inklusion und Bildungsgerechtigkeit. Standards und Regeln zur Umsetzung einer inklusiven Schule, Weinheim, 2012.

Renz-Polster, Herbert, Menschen-Kinder, Plädoyer für eine artgerechte Erziehung, 3. Auflage, München 2011.

Rosenberg, Marshall B., Gewaltfreie Kommunikation. Eine Sprache des Lebens, 9. überarbeitete und erweiterte Auflage, Paderborn, 2010.
Rosenberg hat in verschiedensten internationalen Krisensituationen vermittelt. Seine Einsicht: Nur mit bedingungsloser Wertschätzung der Akteure lassen sich Krisen deeskalieren. Auf die Schule übertragen gilt dies nicht nur in Krisensituationen. Mit Rosenberg lässt sich trainieren, die tiefer liegenden Bedürfnisse, die sich hinter einem Verhalten verbergen, zu erspüren. Damit lässt sich sehr viel leichter und professioneller mit jedem abweichenden Verhalten umgehen.

Schratz, Michael, Vom Umgang mit Vielfalt – Beispiele aus guter Praxis, Seelze, 2012.
Der Autor stellt die mit dem Deutschen Schulpreis ausgezeichneten Schulen vor.

Storch, Maja; Riedener, Astrid, Ich packs! Selbstmanagement für Jugendliche, 2. Überarbeitete Auflage, Bern 2006.

Storch, Maja; Krause, Frank, Selbstmanagement ressourcenorientiert. Grundlagen und Trainingsmanual für die Arbeit mit dem Zürcher Ressourcen Modell (ZRM), 4. vollständig überarbeitete Auflage, Bern, 2007.
Beide Bände geben einen hervorragenden Einblick in das Züricher Ressourcenmodell. Jugendliche erhalten damit die Chance, sich selbst besser zu verstehen, ihr Potenzial zu erkennen und ihre Ressourcen zielgerichtet zu erweitern. Ein Mut- und Starkmacher-Modell!

Zimpel, André Frank, Einander helfen. Der Weg zur inklusiven Lernkultur, Göttingen, 2012.
Der Autor betont die Bedeutung des Helfens auf dem Weg zur inklusiven Lernkultur. Chancengleichheit entsteht, wenn niemand auf der Strecke bleibt. Wie dies gelingen kann, beschreibt er hier.

Antrieb / Kooperation / Gesundheit / Rahmenbedingungen

Antonovsky, Aaron, Salutogenese: Zur Entmystifizierung der Gesundheit. Tübingen, 1997.
Der Autor verfolgt den Ansatz, krankmachende Faktoren unseres Alltags zu identifizieren und gesundheitsfördernde dagegenzusetzen. Es geht letztlich darum, aktiv gesundheitsfördernde Maßnahmen zu ergreifen, um Krankheiten vorzubeugen.

Bauer, Joachim, Das Prinzip Menschlichkeit – Warum wir von Natur aus kooperieren, Hamburg, 2005.
Bauer widerlegt die These, dass Menschen primär auf Egoismus und Konkurrenz eingestellt sind. Auf der Basis neurowissenschaftlicher Erkenntnisse betont er das menschliche Streben nach Zuwendung und Wertschätzung. Übertragen auf die Schule wird deutlich, dass Wertschätzung Schülerinnen und Schüler zum Lernen motivieren kann. Die Bedeutung der Emotion für gelingende Lernprozesse wird auch in diesem Buch hervorgehoben.

Berndt, Christina, Resilienz: Das Geheimnis der psychischen Widerstandskraft. Was uns stark macht gegen Stress, Depression und Burn-out, 6. Auflage, München, 2013.
Die Untertitel fassen den Text gut zusammen. Der umfangreiche Band liefert einen guten Überblick über die aktuelle Resilienzforschung und vielseitige, individuell nutzbare Hinweise zur Salutogenese.

Böckelmann, Christine, Chancen multiprofessioneller Teams für den Arbeitsplatz Schule, in: Journal für Schulentwicklung, 1/2012, S. 36 ff.

Goleman, Daniel; Boyatzis, Richard; McKee, Annie, Emotionale Führung, Berlin, 2003.
Das Buch ist bereits ein Klassiker. Der Band liefert hervorragende Beispiele dafür, wie Führungskräfte (und wir bezeichnen Lehrerinnen und Lehrer als Führungskräfte) ein Klima schaffen können, in dem Lernen zukunftsorientiert und erfolgreich organisiert werden kann.

Green, Norm; Green, Kathy, Kooperatives Lernen im Klassenraum und im Kollegium. Das Trainingsbuch, 2. Auflage, Seelze/Velber, 2006.
Green/Green stellen die Lernmotivation der Schülerinnen und Schüler und das Arbeiten in heterogenen Gruppen ins Zentrum. Wie der Titel schon sagt, geht es ihnen auf der Lösungsebene um Kooperation. Für die Kooperation der Lehrer, als auch der Schüler stellen sie viele direkt umsetzbare Methoden vor.

Huber, Stephan Gerhard, Durch wirksame Kooperation Schulqualität sichern und Schulentwicklung fördern, in: Journal für Schulentwicklung, 3/2012, S. 44 ff.

Huhn, Gerhard; Backerra, Hendrik, Selbstmotivation: FLOW – Statt Stress und Langeweile, 3. Auflage, München, 2008.
Wir kennen die Situation, dass wir etwas verändern wollen und ausgebremst werden von unserer Psyche. Antrieb kann unsere Willenskraft aktivieren. Kommt Gelassenheit hinzu, lassen sich Hindernisse überwinden und emotionale Blockaden sich auflösen. Auf der Grundlage des FLOW-Modells von Csíkszentmihályi entwickeln die Autoren eine Vielzahl von Tools zur Selbstmotivation und Stressreduzierung.

Klippert, Heinz, Lehrerentlastung: Strategien zur wirksamen Arbeitserleichterung in Schule und Unterricht, 2. Auflage, Weinheim und Basel, 2006.
Klippert legt mit seinem Band Lehrerinnen und Lehrern eine Vielzahl von Anregungen vor, wie sich individuelle und kollektive Gesundheitsprophylaxe im Schulalltag umsetzen lässt.

KMK (Hrsg.), Empfehlung zur Gesundheitsförderung und Prävention in der Schule (Beschluss der Kultusministerkonferenz vom 15.11.2012), http://www.kmk.org/bildung-schule/allgemeine-bildung/faecher-und-unterrichtsinhalte/weitere-unterrichtsinhalte/gesundheitserziehung.html.

Muster-Wäbs, Hannelore; Pillmann-Wesche, Rainer, Gruppen und Teams leiten und anleiten. Neue Pädagogische Reihe, Band 1, Brake, 2013.
Dieses Buch bietet praktisches Handwerkszeug für Lehrerinnen und Lehrer, die gruppendynamische Prozesse in ihren Klassen aktiv gestalten möchten.

Nieskens, Birgit; Schumacher, Lutz; Sieland, Bernhard; DAK-Gesundheit und Unfallkasse Nordrhein-Westfalen (Hrsg.), Gelingensbedingungen für die Entwicklung guter gesunder Schulen. Ein Leitfaden mit Empfehlungen, Checklisten und Arbeitshilfen, Hamburg und Düsseldorf, 2014, http://www.handbuch-lehrergesundheit.de (mit ergänzenden Materialien).
Der Band ist eine herausragend gute Anleitung dafür, nicht nur eine gute, sondern auch eine gesunde Schule für alle Anspruchsgruppen zu gestalten. Der Praxisteil liefert konkrete Schritte, Instrumente und Checklisten für diesen Veränderungsprozess.

Schaarschmidt, Uwe; Kieschke, Ulf (Hrsg.), Gerüstet für den Schulalltag: Psychologische Unterstützungsangebote für Lehrerinnen und Lehrer, Weinheim und Basel, 2007.

Schaarschmidt, Uwe; Kieschke, Ulf (Hrsg.), Halbtagsjobber? Psychische Gesundheit im Lehrerberuf. Analyse eines veränderungsbedürftigen Zustandes, Weinheim und Basel, 2004.

Scharmer, C. Otto, Theorie U – Von der Zukunft her führen. Presencing als soziale Technik, Heidelberg, 2013.
Scharmer kommt in seinem umfangreichen wissenschaftlichen Text zu dem Schluss, dass es keine Patentrezepte geben kann, um Veränderungsprozesse zum Erfolg zu führen. Für ihn ist der innere Ort entscheidend, aus dem heraus Akteure handeln. Auf die Pädagogik übertragen, steht dieser innere Ort für die Haltung der Lehrerinnen und Lehrer und die Struktur ihrer Aufmerksamkeit gegenüber ihren Schülerinnen und Schülern, die nötig ist, wenn sie erfolgreiches Lernen ermöglichen wollen.

Schein, Edgar, Prozessberatung für die Organisation der Zukunft, Köln, 2000.
Schein beschreibt anschaulich die Psychodynamik der helfenden Beziehung in Beratungsprozessen. Im Kontext von Organisationsentwicklung entstanden, lässt sich dieses Werk dennoch gut auf schulische Entwicklungsprozesse anwenden. Das Buch hilft, die nicht immer unproblematische Beratungssituation so zu professionalisieren, dass die Problemlösung nicht oktroyiert wird, sondern in der Hand des zu Beratenden bleibt.

Schley, Vera; Schley, Wilfried, Handbuch Kollegiales Teamcoaching. Systemische Beratung in Aktion, Innsbruck, 2010.
Das Kollegiale Teamcoaching nutzt Mehrperspektivität und Resonanzphänomene zum Beispiel zur Lösung verfahrener Situationen.

Gemeinsam entstehen Lösungen, die ohne die Mehrperspektivität nicht möglich wären. Ein hilfreiches und unterstützendes Format für Entwicklungsprozesse verschiedenster Art.

Schley, Wilfried, Empowerment oder wie die Leidenschaft der LehrerInnen die Leidenschaft der SchülerInnen beflügelt, in: Journal für Schulentwicklung, 4/2009, S. 59 ff.

Seligman, Martin, Flourishing. Wie Menschen aufblühen, München, 2012.
Der Begründer der Positiven Psychologie legt den Fokus auf die Stärken der Menschen. Seligman zeigt in seiner Forschung, z. B. mit dem Resilienztraining für US-Soldaten, wie Menschen durch unterstützende positive Gedanken aufblühen können.

Schumacher, Lutz et al., DAK-Gesundheit und Unfallkasse Nordrhein-Westfalen (Hrsg.), Handbuch Lehrergesundheit. Impulse für die Entwicklung guter gesunder Schulen, 2. überarbeitete und erweiterte Auflage, Köln, 2012, http://www.handbuch-lehrergesundheit.de.
Das Handbuch beruht auf der Studie zur Lehrergesundheit der Leuphana Universität Lüneburg. Es ist eine herausragend gute Unterstützung, um gesundheitsfördernde Veränderungsprozesse in Schulen zu gestalten.

Trachsler, Ernst, Arbeitskultur im Wandel. Außendruck oder Innenzug – oder beides? in: Journal für Schulentwicklung, 1/2012, S. 10 ff.

Unterricht / Klarheit / Lernen / Rückmeldungen

Arnold, Rolf, Wie man lehrt, ohne zu belehren. 29 Regeln für kluge Lehre, Das LENA-Modell, 2. unveränderte Auflage, Heidelberg, 2013.
Rolf Arnold hat uns mit seinen 29 Regeln begeistert. Sehr verdichtet bringt er auf den Punkt, wie zukunftsfähige Lehr-Lern-Situationen gestaltet werden können. Er macht Mut, das Lernen wertschätzend und ressourcenorientiert zu begleiten. Es gelingt ihm, konstruktivistische Thesen über das Lernen eingängig und praxisorientiert zu beschreiben.

Arnold, Rolf, Selbstbildung. Oder: Wer kann ich werden und wenn ja wie? Baltmannsweiler, 2010.
Die Kernthese von Arnold besagt, dass sämtliche pädagogisch erzielbaren Wirkungen sich einer Selbstbewegung des Subjekts verdanken. Damit müssen die Schülerinnen und Schüler und ihre Aneignungsprozesse im Mittelpunkt von Bildungsprozessen stehen. Es geht um Kompetenzentwicklung.

Bandura, Albert, Lernen am Modell. Ansätze zu einer sozial-kognitiven Lerntheorie, Stuttgart, 1976.

Bauer, Joachim, Lob der Schule. Sieben Perspektiven für Schüler, Lehrer und Eltern, Hamburg, 2007.
Bauer weist nach, dass mangelnde Disziplin nicht das Kernproblem von Schule ist. Das Erfolgsgeheimnis guten Unterrichts ist die Beziehung zwischen Lehrer und Klasse. Für ihn ist es wichtig, die Kräfte von Motivation, Teamgeist und Beziehungsgestaltung zu aktivieren. Aus Medizin und Psychotherapie kommend, macht der Autor neurobiologische Forschungsergebnisse zur Grundlage seiner Vorschläge zur Veränderung von Schule und Unterricht. Der Text ist leicht lesbar und überschaubar im Umfang.

Bohnsack, Fritz (Hrsg.), Wie Schüler die Schule erleben. Zur Bedeutung der Anerkennung, der Bestätigung und der Akzeptanz von Schwäche, Opladen, 2013.

Burow, Olaf-Axel, Positive Pädagogik. Sieben Wege zu Lernfreude und Schulglück, Weinheim und Basel, 2011.
Mit Olaf-Axel Burow teilen wir die Kernthese, dass Schulentwicklung nur gelingen kann, wenn wertschätzend an das angeknüpft wird, was bereits vorhanden ist. Wertschätzung ist für ihn der Weg zu Lernfreude und Spitzenleistung. Dabei hat er prospektiv den Erwerb zukünftig benötigter Kompetenzen im Blick. Er schildert eingängige und anregende Beispiele seiner Positiven Pädagogik in der Begleitung von Schulen in Schulentwicklungsprozessen.

Caspary, Ralf (Hrsg.), Lernen und Gehirn. Der Weg zu einer neuen Pädagogik, Freiburg im Breisgau, 2008.
Der Journalist und Herausgeber Caspary zeigt mit Texten der bekannten Hirnforscher Hüther, Roth, Spitzer und anderen den Weg zu einer neuen Pädagogik auf der Basis der Hirnforschung.

Eschelmüller, Michele, Lerncoaching. Vom Wissensvermittler zum Lernbegleiter. Grundlagen und Praxishilfen, Mühlheim an der Ruhr, 2008.
Der stark praxisorientierte Band liefert eine Vielzahl von praktischen Anregungen für einen schüleraktivierenden Unterricht.

Freud, Sigmund, Jenseits des Lustprinzips. In: Freud, Sigmund, Studienausgabe, Bd. 3: Psychologie des Unbewussten, Frankfurt a.M., 2000.

Gugel, Günther, 2000 Methoden für Schule und Lehrerbildung, 1. überarbeitete Auflage, Weinheim und Basel, 2011.

Hattie, John, Lernen sichtbar machen für Lehrpersonen, überarbeitete deutschsprachige Ausgabe von „Visible Learning for Teachers", Baltmannsweiler, 2014.
Hattie hat seine berühmte Metastudie um diesen Band ergänzt. Was bedeuten die Daten der Metastudie ganz konkret für Lehrerinnen und Lehrer im Unterricht? Eine Vielzahl von Methoden, Strategien und Geisteshaltungen werden aufgezeigt, die zielführendes Lernen ermöglichen.

Helmke, Andreas, Unterrichtsqualität und Lehrerprofessionalität. Diagnose, Evaluation und Verbesserung des Unterrichts, Seelze/Velber, 2009.
Das Lehrbuch ist ein Standardwerk der Pädagogik. Alle Aspekte von Lehren und Lernen werden wissenschaftlich begründet. Durchgängig leiten Beispiele zur Veränderung der eigenen Unterrichtspraxis an.

Krengel, Martin, Bestnote: Lernerfolg verdoppeln, Prüfungsangst halbieren, Lauchhammer, 2013.
Soll das Lernen im Unterricht mehr zum Thema werden, ist dies ein hervorragendes kleines Handbuch mit vielen Anregungen und Tipps für Schülerinnen und Schüler.

Largo, Remo, Lernen geht anders. Bildung und Erziehung vom Kind her denken, München und Zürich, 2012.
Wie kann eine kindgerechte Bildung und Erziehung unter den Voraussetzungen der heutigen Zeit gestaltet werden? Der Autor zeigt, wie zukunftsfähiges Lernen heute realisiert werden kann.

Largo, Remo H.; Beglinger, Martin, Schülerjahre: Wie Kinder besser lernen, Zürich, 2010.
Die Autoren betonen, wie wichtig es für gelingende Lernprozesse ist, dass sich Schülerinnen und Schüler geborgen und angenommen fühlen. Eine positive Lehrer-Schüler-Beziehung ist nicht nur „nice to

have", sondern eine Voraussetzung für erfolgreiches Lernen. Das Buch ist in Form eines Dialogs zwischen den beiden Autoren geschrieben.

Müller, Andreas, Lernen steckt an, 2. Auflage, Bern, 2007.
Für uns ist es immer wieder eine Freude, die Bücher von Andreas Müller zu lesen. In der Sprache klar, in der Sache deutlich, schreibt er auf der Basis der Erfahrungen in seiner Privatschule, in der Lernen ganz anders organisiert ist. Die Sicherheit in seinen Aussagen gewinnt der Autor aus der gelebten Praxis, die zeigt, dass es funktioniert. Daraus resultiert seine mitunter radikale Kritik am bestehenden System – radikal in dem Sinne, dass es den Missständen an die Wurzel gehen soll. Viele Tools und Settings regen an, den eigenen Unterricht zu verändern.

Müller, Andreas; Noirjean, Roland, Lernerfolg ist lernbar, Bern, 2009.
Die Autoren haben Karten entwickelt, auf denen jeweils eine Lern- und Arbeitsstrategie beschrieben ist. Lehrende und Lernende finden Anregung und Inspiration, ihr Methodenrepertoire zu erweitern.

Müller, Andreas, Die Schule schwänzt das Lernen. Und niemand sitzt nach, Bern, 2013.
In seinem neuesten Buch fordert Andreas Müller einen radikalen Kurswechsel. Werden Schülerinnen und Schüler mit den Denkmustern von vorgestern auf die Welt von morgen vorbereitet, dann stimmt etwas nicht. Er beklagt aber nicht nur den Status quo, sondern liefert auch einleuchtende Beispiele für zukunftsfähiges Lernen.

Muster-Wäbs, Hannelore; Ruppel, Alfred; Schneider, Kordula, Lernen fallbezogen und problemorientiert gestalten, Brake, 2011.
Das Autorenteam gibt in einem kleinen und überschaubaren Band, auf der Basis langjähriger Erfahrung in der Lehrerbildung, herausragende Anregungen für die Gestaltung eines zukunftsfähigen Unterrichts. Das Buch ist unmittelbar nutzbar zur Weiterentwicklung der eigenen Methodenkompetenz.

Pallasch, Waldemar; Hameyer, Uwe, Lerncoaching. Theoretische Grundlagen und Praxisbeispiele zu einer didaktischen Herausforderung, Weinheim und München, 2008.
Nach unserer Überzeugung gehören Grundlagen des Lerncoachings in jeden Unterricht, damit Lernende das Lernen lernen und wertvolle Selbstwirksamkeitserfahrungen machen können. Das Buch liefert einerseits theoretische Hintergründe und Einordnungen in die Bezugswissenschaften und andererseits Praxisbeispiele für die pädagogische Beratung im Unterricht.

Pallasch, Waldemar; Kölln, Detlef, Pädagogisches Gesprächstraining. Lern- und Trainingsprogramm zur Vermittlung pädagogisch-therapeutischer Gesprächs- und Beratungskompetenz, Weinheim und München, 2011.
68 Bausteine zur professionellen Gesprächsführung in der Beratung und der Begleitung von Lernprozessen.

Reich, Kersten, Konstruktivistische Didaktik. Lehr- und Studienbuch mit Methodenpool, 3. völlig überarbeitete Auflage, Weinheim und Basel, 2006.
Reich hat ein Basiswerk verfasst. Der konstruktivistische Ansatz ist Standard in der neueren Lehr- und Lernforschung. Für die Praxis spannend ist der überzeugende Methodenpool. Wer Lust hat, tiefer einzusteigen, findet hier theoretisch fundierte Zusammenhänge und Begriffsklärungen.

Renoldner, Christa; Scala, Eva; Rabenstein, Reinhold, Einfach systemisch. Systemische Grundlagen und Methoden für Ihre pädagogische Arbeit, Münster, 2007.
Ein Handbuch, das ausgehend von der Systemtheorie praxisorientierte Beispiele für systemisches Lernen und Leiten liefert. Es enthält eine Vielzahl von Methoden, die unterstützend visualisiert sind.

Rohlfs, Carsten; Harring, Marius; Palentien, Christian (Hrsg.), Kompetenz-Bildung. Soziale, emotionale und kommunikative Kompetenzen von Kindern und Jugendlichen, Wiesbaden, 2008.
Im Fokus dieses Bandes stehen die überfachlichen Kompetenzen. Der Band zeigt, wie überfachliche Kompetenzen in Schule und Unterricht gefördert werden können.

Schley, Wilfried; Schratz, Michael, Leadership. Kraft zum neuen Denken, Innsbruck, 2007.
Das kleine Büchlein beeindruckt durch kurze, prägnante Aussagen und durch geniale Visualisierungen zum Thema. Es wird deutlich, dass professionelles Leadership eine Gelingensbedingung für erfolgreiche Veränderungsprozesse ist. Die herausragende Bedeutung der Emotion wird auch hier deutlich herausgearbeitet.

Schley, Wilfried, „Vom gestörten Umgang mit Störungen" oder: Von der Dekonstruktion zur Rekonstruktion des Professionsbewusstseins, in: Journal für Schulentwicklung, 4/2012, S. 36 ff.

Schulz von Thun, Friedemann, Miteinander Reden 2. Stile, Werte und Persönlichkeitsentwicklung: Differentielle Psychologie der Kommunikation, Hamburg, 1993.
Die „Miteinander Reden"-Reihe gehört zu den Klassikern der Kommunikationspsychologie. Die eingängigen Modelle sind vielfach bereits in die Curricula von Schulen aufgenommen worden. Die

Denkmodelle helfen, insbesondere gestörte Kommunikation zu verstehen und zielführend zu gestalten.

Spitzer, Manfred, Lernen, Heidelberg, 2007.
Dieses Buch ist eines der ersten, in denen die Implikationen der Erkenntnisse aus der Hirnforschung für das Lernen beschrieben wurden.

Städeli, Christoph; Grassi, Andreas; Rhiner, Kathy; Obrist, Willy, Kompetenzorientiert unterrichten – Das AVIVA-Modell. Fünf Phasen guten Unterrichts, 1. Auflage, Bern, 2010.
Das Autorenteam hat ein hervorragendes Modell für Lehrerinnen und Lehrer entwickelt, die kompetenzorientiert unterrichten wollen. Sie verbinden Methoden und Arbeitsweisen der Lehrenden mit Ressourcen und Strategien der Lernenden. Den Lernenden werden so Chancen eröffnet, sich Kompetenzen aktiv anzueignen.

Stern, Thomas, Förderliche Leistungsbewertung, hrsg. vom Österreichischen Zentrum für Persönlichkeitsbildung und soziales Lernen, 2. aktualisierte und ergänzte Auflage, Wien, 2010, http://www.oezeps.at/?p=215.
Thomas Stern hat im Auftrag des Österreichischen Bundesministeriums für Unterricht, Kunst und Kultur eine Handreichung vorgelegt, die in vollem Umfang dem Anspruch gerecht wird, Lehrerinnen und Lehrer zu ermutigen, „... durch eine innovative Prüfungs- und Feedback-Kultur individuelle Lernprozesse gezielt zu fördern. [...] Nicht die österreichische Gesetzeslage steht im Mittelpunkt, sondern die praktischen Probleme der Lehrer/innen und Schüler/innen" (Geleitwort des Autors). Die Handreichung bietet einen kurzen theoretischen Hintergrund zum Stand der Wissenschaft und dann konkrete Beispiele aus unterschiedlichsten Bereichen. Eine herausragende Möglichkeit für Lehrende, ihr methodisches Repertoire zu erweitern.

Whitaker, Todd, Was gute Lehrer anders machen. 14 Dinge, auf die es wirklich ankommt, Weinheim und Basel, 2009.
Kurzweilig schildert Whitaker auf 125 Seiten Beispiele von schülerorientierter Lehrpraxis aus der Sicht eines Schulleiters. Er beschreibt mit seinen Beispielen eine Haltung, die für das Klima an einer Schule prägend sein kann. Der Text ist leicht und schnell zu lesen.